가짜뉴스와 민주주의

팬데믹의 시대에 인포데믹을 고민하다

지은이

정대영 鄭大泳 Jeong Dae-young

한양대학교 경제금융학부 및 정치외교학과 조교수. 연세대학교에서 컴퓨터산업공학,
경제학을 전공했으며, 오하이오 주립대학에서 경제학 박사학위 취득. 한국은행 경제연
구원 부연구위원, New York University Abu Dhabi 박사후연구원, 포항공과대학교 인문
사회학부 조교수 등을 역임했다.

가짜뉴스와 민주주의 팬데믹의 시대에 인포데믹을 고민하다

초판인쇄 2022년 9월 30일 **초판발행** 2022년 10월 10일

기획 포스텍 융합문명연구원

지은이 정대영 **펴낸이** 박성모 **펴낸곳** 소명출판 **출판등록** 제1998-000017호

주소 서울시 서초구 사임당로14길 15 서광빌딩 2층

전화 02-585-7840 **팩스** 02-585-7848

전자우편 somyungbooks@daum.net **홈페이지** www.somyong.co.kr

값 12,000원 ⓒ 소명출판, 2022

ISBN 979-11-5905-713-7 03300

문명과
시민
1

가짜뉴스와
민주주의

팬데믹의 시대에 인포데믹을 고민하다

정내요 지음

Fake News and Democracy

일러두기

주석의 경우 서지정보는 필자와 연도만 표기한다. 그 외 사항은 참고문헌을 확인바람.

머리말

어떤 학문이든 하나의 정의로 그것을 표현하기는 쉽지 않다. 경제학Economics도 마찬가지다. 누군가는 경제학이 돈을 연구하는 학문이라 하고, 누군가는 시장을 연구하는 학문이라 한다. 좀 더 폭넓은 의미에서 보면 경제학은 사람들의 의사결정decision making을 연구하는 학문이다. 마트에서 어떤 상품을 살 것인지, 선거에서 어떤 후보에게 표를 던질 것인지, 대학에서 어떤 강의를 수강할 것인지 등 사회 속에서, 그리고 다른 주체agent와의 관계 속에서 수많은 의사결정을 하는 개인의 선택과 그 선택의 유인incentive을 연구하는 것이다.

개인이 현명한 선택을 내릴 때 가장 중요한 요소 중 하나가 정보information이다. 여러가지 선택지 사이에서 고민을 하는 개인에게, 어떤 선택지가 본인에게 더 나은 결과를 가져다줄 것인지에 대한 정보만큼 중요한 것은 없다. 마트에서 판매하는 상품의 질quality에 대한 정보, 선거에 출마한 후보자의 능력과 도덕성에 대한 정보, 강의를 하는 강사의 역량이나 수업의 난이도와 관련된 정보는 현명한 의사결정을 위한 필요조건necessary condition이나 다름없다. 그런데 지금, 이렇게 중요한 '정보'라는 단어가 '가짜'라는 수식어에 공격받고 있다. 진실과는 거리가 먼 정보를 담고 있는 가짜정보, 가짜뉴스Fake News가 판을 치고 있는 것이다.

거짓말은 오랜 기간 인류의 역사와 함께해 왔다. "늑대가 나타났다"는 양치기 소년의 거짓말부터 "세뱃돈을 나에게 맡기면 가지고 있다고 돌려준다"는 부모님의 거짓말까지, 우리는 종종, 아니 자주 거짓말과 마주하며 살아오고 있다. 그런데 최근 들어 이러한 거짓말 또는 가짜 정보가 정치학자, 경제학자, 언론학자 등 많은 사회과학자 사이에서 새삼스럽게 주목받기 시작했다. 가짜뉴스의 존재가 심각한 사회 문제의 주범으로 인식되기 시작한 것이다.

2016년 11월 미국에서는 현실 정치 경험이 거의 없었던 부동산 사업가 도널드 트럼프Donald J. Trump가 유명 정치인이자 전직 대통령의 아내 힐러리 클린턴Hillary Clinton을 제치고 대통령에 당선되는 거짓말 같은 일이 벌어졌다. 그러자 많은 언론인과 학자들이 트럼프의 대선 승리의 일등공신으로 가짜뉴스를 꼽았다. 트럼프에게 유리하고 힐러리에게 불리한 가짜뉴스가 인터넷 언론을 통하여 생산되고, 그것이 트위터Twitter나 페이스북Facebook과 같은 소셜 미디어social media를 통하여 무분별하게 공유되면서 선거의 결과에 결정적인 영향을 끼쳤다는 것이다. 물론 가짜뉴스가 없었다면 선거 결과가 달라졌을 것이라는 객관적인 증거를 제시하기는 쉽지 않으나, 2016년 미국 대선 기간 중, 수많은 가짜뉴스가 생산되고 소비되었다는 것은 많은 연구를 통하여 밝혀졌다. 이러한 논란이 불편했는지, 집권 후 트럼프는 공식적인 자리나 트위터를 통하여 CNN과 같은 각종 매체를 가짜뉴스를 생산해내는 주범이라고 비난했다. 자신은 가짜뉴스의 수혜자가 아니라 특정 언론이 생산해낸 가짜뉴스에 고통받는 피해자일 뿐이라는 것이다. 누가 수혜자이고 누가 피해자인지, 누가 생산자이고 누가 소비자인지에 대한 서로의 의견은 다른 것으로 보이지만, 미국 정치판에서 가짜뉴스 전쟁이 벌어지고 있는 것은 확실한 듯하다. 아니 미국만이 아니다. 전 세계 많은 국가에서 가짜뉴스 전쟁이 벌어지고 있다. 한국을 포함해서 말이다.

미국의 독립선언문을 작성하고 미국 건국의 아버지들Founding Fathers of the United States 중 한 명으로 꼽히는 미국 3대 대통령 토마스 제퍼슨Thomas Jefferson은 "정보를 잘 제공받은well-informed 유권자들electorates이 민주주의의 전제조건prerequite"이라고 말했다. 대의 민주주의 상황 속에서 주권을 가진 국민들은 그들의 권한을 위임받을 정치인들에 대한 정확한 정보를 확보할 필요가 있다는 것이다. 이것을 도와주는 것이 바로 저널리즘journalism이다. 국민들은 각종 매체에서 생산하는 뉴스를 통하여 정보를 제공받고, 그 정보를 기반으로 투표권을 행사한다. 저널리즘이 주권자의 정치적 의사결정을 돕는 역할을 하는 것이다. 그런데 정확한 정보를 담고 있지 않은 뉴스, 진짜 뉴스인 것처럼 조작된 가짜뉴스가 판을 치고 있는 상황이라면, 주권을 가진 국민들의 현명한 투표권 행사는 힘들어질 수밖에 없고, 궁극적으로 대의 민주주의는 위기에 처하게 될 수밖에 없다.

　이 책은 가짜뉴스가 유행병pandemic처럼 번져나가는 '인포데믹infodemic'의 시대를 살아가는 경제학자가 그 가짜뉴스의 정체를 살펴보고자 하는 노력의 시작이다. 그리고 그 가짜뉴스가 민주주의에 끼치는 악영향을 살펴보려는 하나의 시도이다. 아직 거대하고 복잡한 사회를 이해하기에는 깜냥이 많이 부족하고, 저널리즘이나 정치철학을 이야기하기에는 아는 것이 턱없이 부족하지만, 정보경제학과 정치경제학을 공부하는 저자의 이 작은 노력 하나가 가짜뉴스의 정체를 파헤치고 대의 민주주의 사회 속에서 저널리즘의 고결함을 되찾아가는 데 조금이나마 도움 될 수 있기를 빌어본다.

2022년 9월
정대영

차례

들어가며

뉴스가 아닌 뉴스의 시대

Mass Media의 시대에서 Social Media의 시대로

WTOE 5 NEWS
YOUR LOCAL NEWS NOW

HOME · **US ELECTION**

Pope Francis Shocks World, Endorses Donald Trump for President, Releases Statement

TOPICS: Pope Francis Endorses Donald Trump

photo by Jeffrey Bruno / CC BY-SA 2.0 / cropped & photo by Gage Skidmore / CC BY-SA 3.0 / cropped

〈그림 1〉 프란치스코 교황이 도널드 트럼프를 지지했다는 내용의 기사. 가짜뉴스일까? 풍자일까?

출처_WTOE 5 News

프란치스코 교황이 도널드 트럼프를 지지했다!

믿기 힘든 이 뉴스^(그림1)가 2016년 7월, 웹사이트 WTOE 5 News
에 올라왔다. 한 연구에 따르면 이 뉴스는 당시 페이스북 등의 소셜
미디어를 통해 미국인들 사이에서 백만 번 이상 공유되었고, 이 뉴
스를 기억하는 미국 유권자의 10명 중 1명은 이를 사실로 받아들였
다고 한다.[1] 2016년 11월, 미국 대선에서 도널드 트럼프가 많은 이
들의 예상을 뒤엎으며 승리를 거둔 이후, 상당수의 언론인들과 학
자들은 이 사건의 주범(?)으로 "가짜뉴스"를 지목했다. 위의 예와
같이 트럼프에게 유리한 "가짜뉴스"가 선거판을 흩트려 놓았으며,
선거 결과에까지 영향을 미쳤다는 것이다. 과연 그럴까? 민주주의
사회에서 가짜뉴스가 선거 결과를 바꾸어 놓을 수도 있을까? 가짜
뉴스는 민주주의에 위협이 될 수 있을까?

흔히 가짜뉴스는 '대중매체/매스미디어^{mass media}나 소셜 미디
어^{Social Network Service}를 통하여 공유되는, 의도적으로 왜곡되거나 조
작된 뉴스'를 뜻한다. 언뜻 보면 명확하고 단순해 보이는 개념이
지만, 어떤 뉴스가 가짜뉴스인지를 판명해 내는 작업은 사실 그리
단순하지만은 않다. 위에서 예로 들었던 '교황이 트럼프를 지지했

---

1   Allcott and Gentzkow(2017).

다'는 뉴스는 사실과 다른 것으로 밝혀졌고, 이러한 경우 많은 이들이 해당 뉴스를 "가짜뉴스"라고 규정하려 할 것이다. 하지만 이 내용이 애초에 일종의 풍자satire였다면 어떠한가?

이 뉴스를 처음 생산하고 공유한, 지금은 사라진 웹사이트, WTOE 5 News는 "About" 페이지에서 스스로를 "A fantasy news website"라고 소개했으며, 해당 웹사이트에 게재된 대부분의 기사가 풍자 또는 상상most articles on wtoe5news.com are satire or pure fantasy이라고 설명하였다고 한다. Fantasy news를 만드는 집단이 생산한 글, 풍자로 불릴만한 그 글을 "가짜뉴스"로 규정하자니 조금 석연치 않은 부분이 있다. 저 기사(?)를 쓴 사람의 입장에서는 '웃자고 했는데 죽자고 달려드는 격'이라며 답답해할 수도 있는 상황이 아닌가? 하지만 또 다른 누군가는 '풍자를 핑계로 사실이 아닌 글을 써서 사람들을 현혹시키려는 의도가 있지 않았냐'고 글쓴이를 비판할 수도 있을 것이다. 가짜뉴스와 풍자를 구분하겠다며 거짓말탐지기를 동원할 수도 없는 일이니 참으로 곤란한 일이다. 게다가, 연구자 중에서는 풍자를 가짜뉴스의 한 종류로 분류하는 이도 있으니, 가짜뉴스의 정의definition 자체에 대한 합의도 이루어지지 않은 상황이라 할 수 있다.

이런 상황 속에서 팩트체크fact check라는 용어가 주목을 받기 시작했다. 정치인의 발언이나 뉴스 내용 등의 사실관계를 확인하는 작업을 일컫는 이 용어는, 전통적인 뉴스 미디어소위, old media 또는 legacy media뿐만 아니라 유튜브나 페이스북과 같은 소셜 미디어를 활용한 뉴 미디어new media, 그리고 관련 연구소 등에서 활발하게 사용되고 있다. 그 대표적인 예가 바로 서울대학교 언론정보연구소의 SNU팩트체크센터factcheck.snu.ac.kr이다.

⟨그림 2⟩ 팩트체크의 예. 출처_서울대 언론정보연구소 SNU팩트체크센터 웹사이트

〈그림 2〉를 통해 해당 웹사이트에서 팩트체크 결과를 보여주는 방식을 확인할 수 있다. 여기서 주목할 점은 검증 결과를 "사실"과 "거짓"으로 구분하는 이분법을 사용하지 않고, '전혀 사실 아님/대체로 사실 아님/절반의 사실/대체로 사실/사실' 등 5가지 기본 단계로 구분한다는 점이다. 즉, 팩트체크를 맞고 틀림의 문제가 아닌 '정도의 문제'로 보고 있는 것이다. 이에 더해, 검증 작업을 수행한 후에도 '사실 정도'를 명확히 하기 힘든 경우 '판단유보'로 표시하기도 한다. 이처럼 어떤 뉴스의 사실 여부를 명확하게 판단하고 가짜뉴스를 판별해 내는 것은 그리 단순하거나 만만한 작업이 아닌 것이다.

우리는 이 만만찮은 가짜뉴스의 늪에 빠져 허우적대고 있다. 이 늪은 누가 만들었을까? 정치권력의 선전 도구로 활용되어 왔던 올드 미디어old media의 문제인가? 자기 입맛에 맞는 뉴스만 찾아보고자 했던 대중의 잘못인가? 팩트체크는 소홀히 하고 자극적인 뉴스 생산에만 집중한 뉴 미디어의 탓일까? 이러한 질문에 답하기 위하여 이 책은 가짜뉴스의 생성과 전파를 설명할 수 있는 이론을 소개하고, 그것을 현실 사회의 예와 연결시켜 보고자 한다. 특히, 인터넷과 소셜 미디어의 발전이 가짜뉴스의 유통에 어떠한 영향을 미쳤는지를 집중적으로 살펴볼 것이다. 이에 더해, 정치경제학/정치심리학 개념을 활용한 현상 분석을 통하여, 세계적으로 나타나고 있는 정치적 양극화의 상황 속에서 가짜뉴스가 민주주의에 끼치고 있는 악영향에 대해서도 분석해 볼 것이다. 이러한 노력이 가짜뉴스의 늪에서 탈출을 시도하는 우리 사회에 작은 힘을 더해 줄 수 있기를 기대해본다.

Mass Media의 시대에서 Social Media의 시대로

뉴스와 정보의 입장에서 보면 20세기는 소위 대중매체/매스미디어mass media의 시대라 부를만하다. 19세기 후반, 언론의 산업화와 기술의 발전은 신문, 텔레비전, 라디오, 영화 등의 대중매체/매스미디어가 다수의 대중에게 많은 양의 정보를 동시에 전달할 수 있도록 함으로써 뉴스와 정보의 흐름을 이끌어 갈 수 있게 하였다. 인력과 자본력, 그리고 기술력을 갖춘 소수의 매스미디어는 정보의 수집과 생산은 물론, 대중에게 정보를 전달하는 역할까지 적극적으로 수행하였다. 이 시기의 대중은 매스미디어가 전달해주는 정보를 일방적으로 전달받기만 하는 상대적으로 수동적인 역할만을 하였다. 적극적인 행위라 해봐야 구독할 신문을 선택하거나 TV 채널을 돌리는 정도였을 것이다.

이러한 흐름은 20세기 후반, 새로운 기술, 인터넷의 발전을 통해 변화를 맞이하게 된다. 소셜 미디어의 시대가 도래한 것이다. 대중은 주어지는 뉴스를 받아 보는 수동적인 역할만을 하는 것이 아니라, 자신이 원하고 자신의 성향에 맞는 뉴스를 찾아보고, 적극적으로 피드백을 할 수 있게 되었다. 댓글이나 '좋아요' 기능을 통하여 쌍방향의 의사소통이 가능해진 것이다. 웹사이트나 소셜 미디어 페이지를 통하여 누구나 쉽고 빠르게 뉴스를 생산하고 유통시킬 수 있게 되었고, 때문에 뉴스의 숫자는 기하급수적으로 늘어났다. 대중은 인터넷 포털 사이트나 소셜 미디어를 통하여 더 많은 뉴스를 더 빠르게 접할 수 있게 되었고, 그것을 손쉽게 공유할 수도 있게 되었다. 뉴스의 과잉이다. 그 많은 뉴스 속에는, 뉴스인 척을 하는 "가짜뉴스"가 숨어있다.

그런데 도대체 이 "가짜뉴스"는 무엇인가? 어떻게 정의할 수 있을까?

제1장
"가짜뉴스"

트럼프는 수혜자인가 피해자인가?

"가짜뉴스"와 허위정보misinformation

의도intention와 조작fabrication

형태 또는 형식shape과 범위scope

진실truth 혹은 거짓false, 그 정도의 문제

가짜뉴스 시장
생산, 소비, 그리고 전파

트럼프는 수혜자인가 피해자인가?

가짜뉴스라는 단어를 보면 많은 이들이 미국 45대 대통령 도널드 트럼프를 떠올린다. 앞서 예로 들었던 것처럼 2016년 미국 대선이 진행되던 당시 트럼프 후보에게 유리한 가짜뉴스가 쏟아져 나왔기 때문이기도 하지만, 꼭 그 이유 때문만은 아니다. 트럼프 대통령 본인이 공식적인 자리에서 "Fake news"라는 단어를 수도 없이 사용하고 있고, 트위터 계정을 통해 가짜뉴스에 피해를 보고 있다는 이야기를 끊임없이 쏟아내고 있기 때문이기도 하다.

〈그림 3〉은 2017년 도널드 트럼프가 미국 대통령으로 취임한 이후 올린 트윗 몇 가지를 가져온 것이다. 많은 이들이 믿고 있었던 것과는 달리, 트럼프 대통령은 자기가 가짜뉴스의 수혜를 받지 않았으며, 가짜뉴스가 미국의 적이라고 이야기하고 있다. "자신과 국가에 위협이 되는" 가짜뉴스에 대한 트윗은 그 이후에도 멈추지

Donald J. Trump ✔
@realDonaldTrump

The FAKE NEWS media (failing @nytimes, @NBCNews, @ABC, @CBS, @CNN) is not my enemy, it is the enemy of the American People!

6:48 AM · Feb 18, 2017 · Twitter for Android

Donald J. Trump ✔
@realDonaldTrump

Sorry folks, but if I would have relied on the Fake News of CNN, NBC, ABC, CBS, washpost or nytimes, I would have had ZERO chance winning WH

9:15 PM · Jun 6, 2017 · Twitter for iPhone

〈그림 3〉 트럼프 대통령의 트윗

않고 2021년 현재까지 심심치 않게 이어져 오고 있다. 대부분이 CNN이나 *New York Times* 등 진보 성향의 미디어들을 "결함을 가진 미디어failing media"로 규정하고, 그들이 자신에게 불리한 가짜뉴스를 생산해 내고 있다거나 자신에게 유리한 뉴스를 숨기고 있다는 내용의 트윗들이다. 그의 주장이 사실일까? 그는 정말 가짜뉴스의 피해자일까?

폴 호너Paul Horner라는 사람이 있었다. 그는 2016년 대통령 선거 운동이 진행되었던 시기 트럼프 후보에게 유리한 가짜뉴스 사이트를 만들어 많은 뉴스를 생산/유통하였고, 그 내용은 트럼프 후보의 캠페인 매니저 등 영향력 있는 사람들에 의하여 공유되었다. 해당 선거 트럼프의 승리로 끝난 후 폴 호너는 한 인터뷰에서 자신은 도널드 트럼프의 지지자가 아니며, 자신이 한 일은 트럼프와 그의 지지자들의 이미지를 악화시켜 트럼프의 대통령 당선을 막기 위한 것이었다고 주장하였다. 하지만 미국 방송국 CBS의 분석에 따르면, 그의 노력(?)은 트럼프를 대통령에 당선시키는 데에 긍정적인 영향을 미쳤다고 한다. CBS의 분석이 옳든 그르든, 폴 호너의 웹사이트 때문에 친 트럼프pro-trump 성향의 많은 가짜뉴스가 널리 퍼졌던 것은 사실인 듯하다.

그럼 트럼프 대통령은 왜 자신은 가짜뉴스의 피해자일 뿐이라고 말하고 있을까? 2016년 미국 대선 전후, CBS, CNN, *New York Times* 등 미국의 주류 미디어들이 트럼프 대통령을 비판하는 기사나 사설을 많이 게재해 왔다. 이와 같은 뉴스가 "가짜"였다면 트럼프 대통령은 가짜뉴스의 피해자였을 수 있고, 또 현재도 그렇다고 할 수 있을 것이다.

이쯤 되면 트럼프와 가짜뉴스는 떼려야 뗄 수 없는 관계에 있다는 것은 확실하다. 하지만 가짜뉴스의 피해자인지 수혜자인지를 판별해 내는 것은 그리 단순한 작업이 아니다. 한 사람을 놓고 보아도 그런데, 이 사회 전체를 놓고 보면 그 문제는 더 복잡해진다. 가짜뉴스가 이 사회를 어떻게 변화시켜왔으며 그 결과가 무엇인가에 대한 질문에 답하는 것은 여간 복잡한 문제가 아닌 것이다. 하지만 우리는 이 책을 통해 그것을 시도해 볼 것이다. 이를 위해 가장 먼저 필요한 것이 "가짜뉴스"가 무엇인지에 대하여 정의하는 것이다.

"가짜뉴스"와 허위정보misinformation

"가짜뉴스"는 무엇인가? 앞서 언급한 것처럼 그것을 명확하게 정의하는 것은 여간 까다로운 일이 아니다. 많은 언론인과 학자들이 가짜뉴스에 대하여 연구하고 있지만, 그 뜻에 대한 합의가 이루어져 있는 것 같지는 않다. 때문에 저자는 여기에서 이 책이 다루고자 하는 "가짜뉴스"란 무엇이며, 다른 유사 개념들과 어떻게 구분될 수 있는가에 대하여 먼저 이야기하고자 한다.

가짜뉴스는 일반적으로 '진짜뉴스인 것처럼 조작된 뉴스'로 정의된다.[2] 비슷한 용어로는 거짓정보, 오보, 허위정보 등이 있는데, 〈그림 4〉는 이러한 관련 용어 간의 포함 관계를 나타낸 것이다.[3]

---

2   Lazer et al(2018).

3   Misinformaiton은 흔히 허위정보라고 해석되기도 한다. 하지만 "허위"라는 단어에는 의도적인 조작의 의미가 포함되어 있다. 따라서, 이 책에서는 misinformation에 의도가 담기지 않은 거짓 정보를 포함시키고 disinformation과 구분하여 번역하기 위하여 "거짓정보"로 번역하였다.

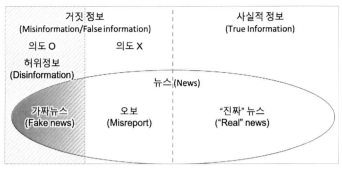

〈그림 4〉 허위정보와 가짜뉴스

이 중 가장 큰 범주에 해당하는 것은 거짓되거나 부정확한 정보를 지칭하는 **거짓정보**이다.[4] 이 거짓정보는 속이려는 의도가 있는 경우와 없는 경우로 구분될 수 있는데, 이때 의도적으로 조작된 거짓 정보에 해당하는 것을 **허위정보**라고 한다.[5] **가짜뉴스**는 뉴스 중에서 의도적으로 조작된 정보, 즉, 허위정보를 담고 있는 것이며, 이는 거짓정보를 담고 있으나 정보 조작의 의도가 없었던 뉴스를 이야기하는 **오보**와 구분된다.

　가짜뉴스의 정의를 좀 더 명확히 하기 위하여, 그 정의와 특성을 좀 더 세분화하여 살펴보자. 가짜뉴스의 주요 특성은 크게 두 가지로 나눌 수 있는데 ①**의도적**으로 **조작된 정보**를 담고 있다는

4　　O'Connor and Weatherall(2019).

5　　연구자에 따라 misinformation은 조작의 의도가 없는 거짓 정보, disinformation은 조작의 의도가 있는 거짓 정보로 구분하는 경우도 있다.

점과 ②**뉴스의 형태**를 띠고 있다는 점을 들 수 있다.[6] 우리는 이 개략적인 정의를 좀 더 구체화해 나갈 것이다.

> 정의1. 가짜뉴스는
>
> ① **의도적**으로 **조작**된 **정보**를 담고 있고,
>
> ② **뉴스의 형태**를 띠고 있는 글 또는 영상이다.

의도와 조작

여기서 '의도'는 누군가를 속일 의도 또는 거짓 정보를 전파할 의도를 말한다. 거짓이나 부정확한 정보를 담고 있는 뉴스라고 할지라도 누군가를 속일 의도가 담겨져 있는 것이 아니라면 가짜뉴스가 아닌 오보로 분류하는 것이 옳다. 이러한 악의를 담지 않은 오보 역시도 거짓정보를 유포한다는 점에서 사회에 악영향을 준다는 것은 부인할 수 없다. 하지만 오보와 가짜뉴스는 그 문제 인식부터 해결책에 이르기까지 많은 부분에서 차이가 있기에 이 책에서는 그 둘을 구분하여 의도적으로 허위정보를 만들어 낸 경우

---

6   Allcott and Gentzkow(2017).

인 가짜뉴스를 분석하는 데 초점을 맞추고자 한다.

그렇다면 그 의도는 누구의 의도인가? 먼저 기자, 편집자, 앵커, 프로듀서 등 뉴스의 생산에 관여한 사람들생산자의 의도를 고려해야 한다. 그들은 의도적으로 거짓정보를 뉴스에 포함시킴으로써 가짜뉴스를 직접 생산해 낼 수 있다. 이에 더해 뉴스를 전파한 사람전달자, 또는 재생산한 주체에 대해서도 고려해 볼 필요가 있다. 어떤 뉴스는 전파되는 과정에서 거짓된 정보 또는 부정확한 정보가 더해지기도 한다. 흔히 전파 과정에서 잘못된 정보가 전달되는 것을 와전이라고 한다. 그런데 이 와전에도 의도치 않게 내용을 잘못 전달하는 경우가 포함될 수 있다. 우리는 생산에서의 경우와 유사하게 의도치 않은 와전은 제외시키고, 의도적으로 거짓되거나 부정확한 정보를 전달하는 경우만을 가짜뉴스로 볼 것이다.

여기에 제보자, 정보원, 자료 제공자정보 제공자 등의 의도 역시 생각해 볼 수 있다. 어떤 기자가 가짜뉴스를 만들 의도 없이 특정 제보자에게 받은 정보에 기반하여 기사를 작성했다고 하자. 이때 그 제보자가 의도적으로 거짓 정보를 제공하였다면 해당 기사는 거짓 정보를 가진 가짜뉴스가 될 것이다. 물론 이를 생산자의 의도가 담겨있지 않은 오보로 분류할 수도 있겠지만, 우리는 정보 제공자의 "의도"가 담겨 있었다는 측면에서 이를 가짜뉴스로 분류할 것이다.

이와 같이 우리는 의도의 주체를 생산자와 전달자, 그리고 정보 제공자로 설정하고 가짜뉴스의 정의를 수정한다.

> 정의2. 가짜뉴스는
>
> ① 생산자, 전달자, 정보 제공자 등에 의하여 의도적으로 조작된 정보를 담고 있고,
>
> ② 뉴스의 형태를 띠고 있는 글 또는 영상이다.

형태 또는 형식shape과 범위scope

일반적으로 뉴스는 새로운 사건이나 사실에 대한 정보를 뜻하지만, 뉴스의 형식에 대한 기준이나 규범은 특정되어 있지는 않다. 전문적인 뉴스 보도를 목적으로 하는 저널리즘의 관점에서, 뉴스는 5W1H의 원칙을 따라야 한다. 사건을 명확하게 전달하기 위해서는 누가who, 언제when, 어디서where, 무엇을what, 어떻게how, 왜why 등의 정보가 담겨야 하기 때문이다. 좀 더 구체적으로 보자면, 어떤 사건에 대한 정보를 전달하고자 할 때 취재news gathering and/or interview를 통하여 증거 및 자료 등을 수집하고, 그에 기반하여 5W1H가 포함된 효과적인 글쓰기로 객관적 정보를 전달할 수 있어야 한

다.[7] 가짜뉴스는 이러한 뉴스의 형식을 따라한 것으로, 일반적으로 글기사, article이나 영상의 형태를 띠고 있을 것이다.

일부 올드 미디어old media or legacy media의 저널리스트들은 블로그나 소셜 미디어에서 생산 또는 공유된 글이나 영상은 뉴스가 아니라고 주장한다. 뉴스의 형식을 모방했을지언정, 뉴스가 갖추어야 할 규범적인 특성을 제대로 갖추지 못하고 있다는 것이다. 즉, 뉴 미디어들이 취재를 적절히 해내지 못했다거나, 주관적인 의견을 과도하게 많이 드러내고 있어 사실을 전달하는 뉴스로 보기에 "적절치 못하다"고 비판하는 것이다. 하지만 이런 판단의 기준 역시도 객관화되어 있지 않을 뿐만 아니라, 일부 올드 미디어 역시도 그러한 비판에서 자유로울 수 없는 상황이다.[8] 그리고 무엇보다도, 우리의 질문은 "무엇이 뉴스인가"가 아닌 "무엇이 가짜뉴스인가"이므로 어떤 미디어가 생산하고 전달한 것이든 뉴스의 형태를 띠고 있거나 그것을 비슷하게 따라 하고 있는 것이라면 가짜뉴스의 형태를 따르고 있다고 할 수 있을 것이다. 즉, 페이스북, 트위터, 유튜브, 카카오톡 등 소셜 미디어, 그리고 일종의 블로그에서 생산/공유되는 글이나 영상도 가짜뉴스의 대상이 될 수 있다.

---

7   얼마나 구체적인 자료와 증거가 확보되어야 하고, 어떻게 객관성을 유지할 수 있는지에 대한 절대적인 기준을 제시하기는 쉽지 않다.

8   이에 대해서는 제2장 "가짜뉴스의 생산" 부분에서 더 이야기 할 것이다.

정의3. 가짜뉴스는

①**생산자, 전달자, 정보 제공자** 등에 의하여 **의도적**으로 **조작된 정보**
를 담고 있고,

②**뉴스의 형태**를 띠고 있는 **올드 미디어**와 **뉴 미디어** 등에서 생산/공
유되는 글 또는 영상이다.

이제 우리가 보고자 하는 가짜뉴스의 정의는 어느 정도 구체화
되었다. 하지만 아직 중요한 부분이 빠져있다. 바로 "가짜"가 무엇
인가 하는 부분이다. 진짜가 아닌 가짜, 진실이 아닌 거짓, 사실에
입각한 정보가 아닌 조작된 정보라는 것은 무엇을 의미하는가?

진실truth 혹은 거짓false, 그 정도의 문제

내일 오전에 태양이 뜬다.

이 문장은 진실을 담고 있는 것처럼 보인다. 하지만 이 문장이 말해지는 시점의 우리는 내일 오전에 태양이 뜨는 것을 목격한 것은 아니다. 누군가는 경험적으로, 누군가는 과학 지식을 바탕으로 저 문장이 진실을 전달하고 있다고 믿을 뿐이다. 그렇다면 저 문장이 참truth이라고 믿는 사람들은 모두 그에 대한 100%의 확신을 가지고 있을까? 영화 〈어벤져스-엔드게임〉에 나오는 타노스와 같은 외계인이 엄청난 힘을 발휘하여 하룻밤 사이 태양을 폭발시켜 버릴 확률은 없을까? 전지전능한 신god이 인간의 이기심에 노하여 며칠 동안 태양을 떠오르지 않게 할 가능성은 없는가? 영화적 상상력과 종교적인 믿음에 따라 답이 달라지겠지만, 그것이 0.000000001%에 가깝다 할지라도 이러한 가능성이 있다고 믿는 사람이라면, "내일 오전에 태양이 뜰" 확률이 100%라고 생각하지는 않을 것이다. 그럼에도 불구하고, 그들 중 많은 이들은 "내일 오전에 태양에 뜬다"는 것을 '진실'이라 받아들인다.

스코틀랜드 철학자 데이비드 흄David Hume은 이와 유사한 예를 들어 귀납의 문제the problem of induction를 이야기하였다. 경험을 통한 귀납적인 추론은 모두 예외의 상황을 직면할 가능성이 있는 "귀납의 문제"를 가지고 있으므로, 우리는 세상 어떤 것에 대해서도 100%의 확신할 수는 없다는 것이다. 어느 정도의 확신, 어느 정도의 믿음을 가질 수는 있으나, 100%의 확신에 찬 믿음이라는 것은 현실적realistic이지 않은 이상적ideal인 것일 뿐이다. 그럼 결국 우리가 생각하는 '진실'이라는 추상적인 개념은 '믿음'과 '정도'의 문제일 수밖에 없다.O'Connor & Weatherall, 2019

수학에서 이러한 귀납적 추론을 통한 믿음의 정도를 나타내기 위하여 사용하는 것이 조건부 확률이다. 어떤 사건 B가 일어났을 때, 사건 A가 일어날 확률이 바로 조건부 확률 $P(A|B)$이다. 주어진 정보와 사건에 대한 믿음 간의 관계로 풀어 생각해 보면, '어떤 정보 B가 주어졌을 때, 사건 A가 진실이라는 믿음'이 조건부 확률 $P(A|B)$인 것이다. 누군가가 주어진 정보 B를 보고, 나름대로의 계산을 통하여 $P(A|B)$값을 찾아냈다고 하자. 데이비드 흄을 따르면 이 값은 절대 1이 될 수 없다. 그럼에도 불구하고 많은 사람은 귀납적 추론을 통하여 'A는 진실'이라고 말한다. 즉, 누군가는 조건부 확률이 1은 아닐지라도, '충분히 높은 값'을 가진다면, '진실'이라고 판단하고 말하는 것이다. 이 '충분히 높은 값'의 기준이 되어주는 수치를 C_i이라고 하면, 한 개인의 '진실 판단의 함수 f_i'는 다음과 같이 쓸 수 있다.

$$f_i(A|B) = \begin{cases} \text{진실}, P(A|B) \geq C_i \\ \text{거짓}, P(A|B) < C_i \end{cases}$$

여기서 임계값$^{\text{threshold value}}$ C_i는 사람에 따라 다를 수 있다. 예를 들어, 과학수사대가 어떤 범죄가 일어난 새벽, "철수"라는 사람이 범죄 현장으로 들어갔다 나오는 CCTV자료를 확보했고, 여기에 현장에서 철수의 지문까지 찾아냈고, 이 객관적인 사실 분석을 통해 과학수사대가 "철수가 범인일 확률은 0.7이다"라는 보고서를 썼다고 해 보자. 이 보고서를 받아 든 검사와 판사가 같은 결론을 내릴 것인가? 검사의 임계값 $C_{\text{검사}}$가 0.6이고 판사의 $C_{\text{판사}}$가 0.8이라고 한다면 검사는 철수가 범인이라고 믿을 것이지만, 판사는 그렇지 않다는 판단을 내릴 것이다.

우리가 일반적으로 어떠한 사실^{fact}을 접하고 관련 명제^{statement}에 대한 진실 여부를 판단할 때 위와 같은 과정을 거친다. 그리고 그 판단의 과정과 결론은 개인에게 달려있다. "설문조사 결과 한국사람의 55%가 사과를 좋아한다"는 정보를 보고 "한국사람들은 사과를 좋아한다"는 명제가 진실인지를 판단할 때, 누군가는 참이라 하고 누군가는 거짓이라 할 수 있다. "광화문 광장에 150명의 사람이 모였다"는 사실을 듣고 "광화문 광장에 많은 사람이 모였다"는 명제가 진실이라 생각하는 사람도 있을 수 있고, 거짓이라 생각하는 사람도 있을 수 있는 것이다. 심지어 "벽시계가 오전 9시를 가리키고 있다"는 사실을 접하고도 "시간은 오전 9시다"는 명제에 대한 정확한 판단이 서지 않아 다른 시계를 찾아보는 사람들이 있지 않은가?

우리가 사는 이 세상에 객관적인 진실과 객관적인 거짓은 존재하지 않는지도 모른다. 모든 것은 주어진 정보/사실에 기반한 개인의 주관적인 판단일 뿐일지도 모른다. 프로타고라스Protagoras의 말처럼 "사람은 모든 것의 척도"이고, 그런 의미에서 객관적인 진실은 환상이다. 그런 의미에서 어떠한 뉴스가 가짜인지 진짜인지에 대한 구별에 대해서도 객관적인 기준을 세우는 것은 쉽지는 않다. 하나 명확히 할 수 있는 것은, 가짜뉴스와 진짜뉴스를 이분법적으로 나누기가 쉽지 않다는 것이다. 그보다는, 얼마나 가짜에 가깝고 얼마나 진짜에 가까운지를 정도degree로 파악해 보는 것이 적절하다. 즉, 가짜뉴스의 문제는 '정도의 문제'인 것이다.

가짜뉴스 시장 생산, 소비, 그리고 전파

우리는 정의 3에서 말하는 가짜뉴스가 존재한다고 이야기한다. (또는 "가짜뉴스가 존재한다"는 명제가 참일 확률이 우리의 임계치를 넘어 '진실'이라고 판단한다.) 그리고 그것이 사회적인 문제라는 것에 공감한다. 즉, 누군가가 가짜뉴스를 생산하고, 전달하고, 소비하고 있으며, 그것이 사회에 악영향을 미치고 있다는 것이다. 이러한 가짜뉴스의 정체와 그 영향을 분석해 내기 위해서는 가짜뉴스 시장과 그 참여 주체들을 세부적으로 살펴볼 필요가 있다.

여타 재화 또는 서비스 시장과 같이 가짜뉴스 시장에도 생산자와 소비자가 존재한다. 그리고 뉴스 시장의 특성상 이들 사이를 연결해 주는 전달자 또는 전파자도 중요한 참여 주체이다. 이제 우리는 가짜뉴스를 누가, 왜, 어떻게 생산/소비/전파하는가를 살펴볼 것이며, 가짜뉴스 시장 참여주체의 시장 참여 동기motivation를 규명할 것이다. 그리고 가짜뉴스가 사회 속에서 정치적으로 어떤 의미를 가지며, 민주주의에 어떤 영향을 끼치는가를 살펴볼 것이다.

제2장
가짜뉴스의 생산

올드 미디어의 과오
선동propaganda과 광고advertisement

뉴 미디어의 등장
인터넷과 '클릭 수' 경쟁

저널리즘의 실종, 언제? 또 어떻게?

가짜뉴스를 이야기하다 보면 단골 손님으로 소개되는 사람이 45대 미국 대통령 도널드 트럼프이다. 어떤 이들은 그가 '가짜뉴스'라는 단어를 대중화시켰다고 말하고, 어떤 이들은 그가 가짜뉴스를 퍼트리고 있다고 말한다. 필자는 트럼프가 "가짜뉴스"라는 말의 대중화에 기여했다는 것에는 동의하지만, 그가 가짜뉴스의 시작이라거나 가짜뉴스를 세상에 퍼트리기 시작한 선봉장이라는 평가에는 동의하지 않는다. 그는 가짜뉴스가 만연한 사회 속에서 "가짜뉴스"라는 단어를 자주 입에 올리는 유명인이며, 가짜뉴스의 사회를 정치적으로 활용한 정치인이다. 때문에 그 영향력을 무시할 수는 없지만, 그가 없었다고 하더라도 가짜뉴스는 지금과 같이 이 사회를 괴롭히고 있었을 것이다. 그렇다면 이 가짜뉴스는 어디서 시작되었고, 누가 만들어 낸 것일까?

올드 미디어의 과오

선동propaganda과 광고advertisement

올드 미디어의 저널리스트나 학자 중에서는 인터넷과 소셜 미디어가 가짜뉴스의 시작이라 주장하는 사람들도 있다. 뉴 미디어가 가짜뉴스 생산의 주범이라는 것이다. 그들의 심정은 이해가 된다. 일반적으로 올드 미디어가 취재와 기사 작성, 편집에 투여하는 노력이나 시간 면에서 뉴 미디어를 압도하는 것이 사실이기 때문이다. 하지만 기사의 질이나 저널리즘의 측면에서 올드 미디어가 뉴 미디어보다 절대적으로 우월하다는 결론을 내리려면, 더 심도 있는 비교 분석이 필요할 것이다. 또한 올드 미디어가 가짜뉴스를 전혀 생산하지 않았었는지, 또는 올드 미디어가 만들어 놓았던 미디어 시장의 환경이 가짜뉴스 생산에 영향을 미쳤던 것은 아닌지를 살펴보아야 할 것이다. 이를 위하여 우리는 인터넷과 소셜 미디어가 있기 전으로 시간을 거슬러 올라가 보려 한다.

17세기, 인쇄술이 발달하기 시작하면서 출판물의 대량생산이 가능해졌다. 신문 역시도 이 시기부터 대량생산이 시작되었는데, 이는 작은 지역에서 소규모로 운영되던 소형 신문사가 전부였던 미디어 시장에 더 넓은 지역과 많은 독자층을 가질 수 있는 대형 신문사들을 소개하는 계기가 된다. 상대적으로 적은 비용으로 운영되어왔던 소규모 신문사는 대형 신문사들과의 경쟁에서 밀려나, 모습을 감추거나 지극히 제한적인 역할을 수행하는 지역지local newspaper로 남을 수밖에 없었다. 여기에 TV라는 새로운 매체가 등장하고 방송국이 뉴스 전달을 시작하면서 바야흐로 대중매체/매스미디어의 시대가 열리게 되었다. 미디어 시장의 생산자는 다수의 소규모 언론사에서 소수의 대규모 미디어 기업으로 바뀌어 갔으며, 이러한 미디어 기업들은 고도화된 기술과 시청각 매체를 활용하여 더 많은 사람에게 좀 더 효과적으로 뉴스를 전달할 수 있었다. 현재는 올드 미디어라 불리는 이 대중매체들도 그 당시에는 혁신적인 변화의 중심에 서 있었던 것이다.

그런데 이러한 혁신적인 변화가 전달 매체의 다양화나 뉴스의 질 향상과 같은 긍정적인 방향으로만 이어진 것은 아니었다. 실제로 신문의 대량생산이 시작된 17세기부터 현대에 이르기까지 많은 올드 미디어들이 편향된 논점이나 균형 잡히지 않은 보도로 비판을 받아오기도 했었던 것인다. 뉴스 생산의 기술이 고도화되고, 미디어 기업의 덩치가 커졌음에도 불구하고 올드 미디어들이 이런 부정적인 평가를 받게 되었던 구조적인 원인 중 하나는 시장이 과점oligopoly 상태였다는 점이다. 거대 기업을 중심으로 시장이 재편되었다는 것은 미디어 시장에 참여하는 기업의 숫자가 현저히 줄어들었다는 것을 의미한다. 이는 미디어 시장에서 뉴스를 생산하는 주체들이 다양한 목소리를 낼 수 있을 만큼 충분히 많은 숫자를 가지기 힘들다는 이야기이기도 하다. 물론 전달 매체는 신문뿐만 아니라 TV, 영화, 라디오 등 다양한 형태를 가지게 되었지만, 그러한 형태의 다양화가 내용적인 면에서의 다양화로 연결이 되었는가 하는 질문에 대한 답은 확실치 않다.

오히려 소수의 미디어가 특정 집단이나 계층의 목소리만을 대변하는 도구로 전락해 버렸다는 평가도 많았다. 그중 가장 대표적인 것이 정치권력에 의한 미디어의 도구화이다. 산업화된 많은 국가, 그중 전체주의/국가주의적 성격을 띤 많은 국가에서 정치권력은 미디어를 정치 선전propaganda의 도구로 사용해 왔다.[9] 대형 신문사를 권력으로 압박하여 선전의 내용을 담게 하기도 하였고, "공기와 주파수는 국가와 대중의 소유"라는 명목하에 방송사를 국영화하거나 민간 방송사에 압력을 행사하여 정치권력을 가진 자들에게 유리한 내용의 뉴스를 생산하게 하기도 하였다. 상업 영화 상영 전에 정치 홍보 뉴스를 보여주도록 했었던 것이나, 상업 음반 안에 "건전가요"와 같은 국가와 사회를 찬양하는 노래를 수록하도록 했었던 것도 정치권력에 의한 미디어 도구화의 예로 생각할 수 있다.

---

9   Herman and Chomsky(2002).

물론 20세기 후반에 이르러서는 많은 국가 안에서 여러 가지 법적 제도적 기준이 마련되면서 미디어 시장에 대한 정치권력의 개입이 제한되고 상대적으로 자유주의적인 환경이 보장되어 온 것은 사실이다. 하지만 그렇다고 하여 미디어 시장이 모든 권력으로부터 자유로워진 것은 아니었다. 자유주의적인 분위기 속에서 정치권력이 떠나간 자리를, 자본주의의 고도화와 함께 경제권력이 차지하고 들어왔기 때문이다. 경제권력이 미디어 기업을 사들여 생산자의 역할로 미디어 시장에 직접 참여를 하게 되었다는 부분만을 이야기하려는 것은 아니다. 직접 참여도 문제의 일부일 수는 있겠으나, 이보다 더 핵심적인 부분은 광고advertisement를 통한 영향력 행사라고 할 수 있을 것이다.

일반적으로 신문사나 방송국과 같은 미디어 기업들이 창출하는 이윤 중에서 구독료나 수신료가 차지하는 부분은 그렇게 크지 않다. 미디어 기업이 창출하는 수익의 상당 부분은 광고 수입에서 나온 것이다. Pew Research Center에 따르면 2012년 미국 뉴스 이윤U.S. domestic news revenue의 약 70%가 광고에서 비롯된 수익이었다.[10] 90년대 후반 한국의 경우 상황이 더 심각했는데, 1999년 현재 기업의 수입 중에서 광고 수입이 차지하는 비중이 80%에 달하는 신

---

10   반면 구독료나 수신료가 차지하는 비중은 24%에 그쳤다. Mitchell and Page(2014).

문사들도 있었다.

신문의 지면 광고나 TV 채널의 편성 프로그램 사이를 채워주는 광고를 보지 못한 사람은 없을 것이다. 이러한 광고는 그 형태나 성격에 따라 가격이 천차만별이다. 신문광고의 경우 신문에 따라 몇십만 원에서 몇억에 이르기까지 그 가격이 다양한데, 조간신문 한 면을 가득 채운 광고의 경우 그 단가가 2억 원에 가까운 것도 있다.[11] TV 광고의 경우에도 어떤 시간대에 어떤 프로그램 사이에 노출되느냐가 가격을 결정하는 경우가 많은데, 지상파 TV의 시청률이 높은 프로그램 사이사이에 (그 프로그램보다 오랫동안 노출되는 느낌을 주는) 광고는 1회 노출 단가가 천만 원을 훌쩍 넘어선다. 이쯤 되면 "과연 저 광고가 그만큼의 효과가 있을까?" 하는 의구심이 들기까지 한다.

물론 잘 만든 광고 하나로 기업의 매출이 엄청나게 상승하는 경우도 없지는 않겠지만, 미디어를 통한 광고가 엉뚱한 곳(?)에서 효과를 발휘하기도 한다. 우호적인 언론보도를 하지 않는 언론사에 광고를 끊겠다며 압박을 가한 대기업의 이야기는 국내외를 막론하고 심심치 않게 들려오는 뉴스이다. '조간신문 초판에 있었던

---

11 『조선일보』 광고 요금표(http://about.chosun.com/file/ad_chosun_201712.pdf) 및 『한겨레』 광고단가 안내표(http://company.hani.co.kr/sp?pname=advertisement.index&spname=advertisement_01_01) 참고.

특정 기업에 대한 부정적인 내용의 기사가 2판에서는 찾을 수 없게 되고, 대신 그 기업에 대한 광고가 실려 있더라'는 시트콤같은 일이 현실에서 일어나기까지 하는 것이다.[12] 이처럼 경제권력은 광고라는 무기를 가지고 미디어 생산 시장에 깊숙이 개입해 왔다. 자신의 입맛에 맞는 뉴스를 생산하는 미디어에 광고를 몰아 주는 방식으로 뉴스의 생산에 영향력을 미쳐 온 것이다.

이러한 이유로 누군가는 가짜뉴스의 확산과 뉴스의 질적 저하의 원죄가 올드 미디어에 있다고 비판하기도 한다. 정부가 여전히 보도 검열censorship을 하는 국가의 경우에는 정치권력의 선동propaganda이, 미디어가 검열 없이 자유시장에 맡겨진 국가의 경우에는 경제권력의 광고가 올드 미디어가 생산하는 뉴스의 질을 낮추어 왔다는 것이다. 물론 정치권력과 경제권력의 압박 때문에 의도치 않은 뉴스를 생산해야 했다면 올드 미디어를 일종의 피해자로 생각해야 하겠지만, 일부 언론이 정치권력 및 경제권력과 유착 관계에 있었던 사실 역시도 부인할 수 없기에 올드 미디어의 과오가 전혀 없다고 하기는 힘들 것이다.

뉴 미디어가 나타나기 전, 이미 미디어 시장의 생산자들은 양

---

12   손석춘(2003)의 4장 「신문 편집과 광고」를 참고하면 재미있는(?) 에피소드를 많이 찾아 볼 수 있다.

질의 뉴스를 생산하기 위한 환경을 마련하는 데 어려움을 겪고 있었다. 소수의 미디어 기업에 지배되고 정치권력의 선동에 이용당하며 경제권력의 광고에 흔들리는 상황 속에서 다양하고 균형 잡힌 뉴스에 대한 대중의 기대는 충족되기가 쉽지 않았다. "빠르고 정확한 뉴스"를 전달한다는 신문사의 글을 "비판적으로" 읽고 "숨은 진실을 찾아야" 하는 상황은, 대중들에게 고달플 수밖에 없었다. 이러한 대중들의 욕구[needs] 위에 3차 산업혁명의 기술적 진보가 얹혀져 나타난 것이 뉴 미디어이다.

뉴 미디어의 등장 인터넷과 '클릭 수' 경쟁

인쇄술의 발전이 올드 미디어의 시작이었다면, 뉴 미디어의 시작은 인터넷의 발전이다. 그런데 이 두 가지의 발전은 미디어 시장의 생산자 수와 규모를 반대의 방향으로 움직이게 했다. 인쇄술의 발전은 과거에 비해서 짧은 시간 안에 저비용으로 많은 신문을 찍어낼 수 있다는 것을 의미하기는 했지만, 그렇게 하기 위해서는 기계와 공장 설비를 갖추어야 하기 때문에 초기 자본이 상대적으로 많이 필요했다. 이러한 진입장벽[entry barrier] 때문에 미디어 생산자의 수는 줄어들 수밖에 없었고, 미디어 '기업'이라고 불릴 만큼 각 생산자의 덩치는 커지게 되었다. 반면 인터넷의 발전은 뉴스 생산의 비용을 상당히 낮추어 주었다. 더 이상 종이 신문을 찍어낼 필요가 없어진 인터넷 미디어 시장에서는 비싼 기계나 공장 설비를 걱정할 필요 없이, 웹사이트 하나를 만들어 내는 비용만으로도 뉴스 미디어를 운영할 수 있게 된 것이다. 때문에 적은 초기 자본으로 시작하는 많은 수의 소규모 미디어 '업체'들이 생겨나기 시작했다.

이렇게 시장에 '새롭게' 진입한 많은 수의 뉴 미디어들은 오랜 기간 시장에서 자리를 잡아왔던 (상대적으로 큰 규모의) 올드 미디어들과 경쟁을 해야 했다. 어떤 시장이든 시장 지배력이 약한 주체가 더 강한 주체와 경쟁하기 위하여 취할 수 있는 가장 기본적인 전략 중 하나가 '틈새시장 공략'이다. 그런 측면에서 뉴 미디어들은 올드 미디어가 충족시켜주지 못했던 시장의 욕구needs를 충족시키기 위한 뉴스를 생산해 내기도 했다. 올드 미디어가 상대적으로 진보적이라는 평가를 받아왔던 미국에서는 상대적으로 보수적인 색채를 가진 뉴 미디어가 나타났고, 올드 미디어가 상대적으로 보수적이라는 평가를 받아왔던 한국에서는 상대적으로 진보적인 색채를 가진 뉴 미디어가 나타난 것이다. 그 이후 좀 더 보수적인, 좀 더 진보적인, 좀 더 중도적인 미디어도 속속 출현하였다. 이는 뉴스 상품의 다양화로 연결되어 뉴스 소비자들의 만족감을 상승시킬 수 있다는 측면에서 긍정적으로 평가 받을만하다.

하지만 이러한 뉴 미디어들이 미디어 시장에 긍정적인 영향만 끼친 것은 아니었다. 뉴 미디어들의 시장 진입으로 뉴스 생산에 경쟁이 더욱 심화되면서 틈새시장 공략만으로는 시장에서 살아남기 힘들어진 상황 속에서, 일부 미디어들은 주목을 받기 위해 자극적인 기사를 생산해내기 시작한다. 신문 판매 부수를 올릴 필요는 없었지만, '클릭 수'를 올려야 했던 미디어들은 기사의 질보다는 기사의 자극성으로 승부를 보아야 했다. "충격!" "경악!" "이럴 수가!" "헉!" "특종!" 이제는 식상해져 일종의 클리셰cliché가 되어버린 이 표현들이 2010년대 초반까지, 인터넷 포털portal 사이트 뉴스 페이지를 가득 채우고 있었다.

뉴 미디어 역시도 올드 미디어와 다를 바 없이 광고 수익에 많은 부분을 의존하고 있다. 뉴 미디어는 기업의 규모가 작고 보유 자본이 많지 않기 때문에 광고 수익에 대한 실질적 의존도는 오히려 일부 올드 미디어보다 높다고 할 수도 있다. 이러한 뉴 미디어가 주목을 하는 것이 바로 클릭 수이다. 올드 미디어의 구독 수와 시청률이 광고 수익을 결정짓는다면, 뉴 미디어에서는 클릭 수가 그 자리를 차지하고 있는 것이다. 물론 올드 미디어가 이 클릭 수 경쟁에서 빠져 있었던 것은 아니다. 인터넷 미디어 시장이 활성화되면서, 올드 미디어도 뉴 미디어와의 클릭 수 경쟁에 뛰어들게 된 것이다.

온라인 광고는 광고 문구/배너/링크가 얼마나 많이 노출되었는가, 그리고 그 노출된 광고를 통하여 관련 웹사이트로 얼마나 많은 사람이 이동하였는가를 중요한 잣대로 삼는다. 이 모든 것이 인터넷 사용자들이 기사 제목을 얼마나 많이 클릭하느냐에 의존한다. 때문에 미디어들은 클릭 수를 올리기 위하여 기사의 제목을 좀 더 자극적으로 만들었고, 그래서 나온 것이 바로 "충격"이나 "경악"과 같은 의미 없는 문구를 붙이는 방법이었다. 정말 충격적인 내용을 가진 정보를 전달할 수 있는 기사가 많아졌다면 그것은 긍정적으로 봐줄 수도 있을 것이다. 하지만 온라인 미디어 시장에서의 경쟁은 그것과는 반대 방향으로 흘러갔다.

영어에 clickbait이라는 신조어가 있다. 클릭click과 미끼bait의 합성어인 이 단어를 의역하면 '낚시 기사' 정도가 된다. 종이 신문이나 TV 뉴스와는 다르게 기사의 제목만이 1차적으로 노출되는 온라인에서 미디어들은 더 그럴듯한 낚시 기사를 만들어 내기 위하여 자극적인 제목 찾기에 힘을 쓰고 있었다. 이런 이유로 일부 올드 미디어의 경우에는 같은 내용의 기사를 가지고도 온라인 기사와 종이 신문 기사 제목을 다르게 만들기까지 하였다. 결국 온라인 미디어 시장에서는 제목을 얼마나 자극적으로 올려 많은 수의 클릭을 유도하느냐의 싸움이 펼쳐졌던 것이다.

온라인 미디어 시장의 발달로 또 하나 자극받은 것이 '신속함'

의 경쟁이다. '신속하고 정확한 보도'는 많은 뉴스 미디어들이 내세우고 있는 구호이다. 하지만 온라인 미디어 시장에서는 '정확'은 잊혀지고 '신속'에만 집중하는 미디어들이 많이 보인다. "속보"를 달고 나온 제목을 클릭해 보면 내용이 빈약하거나 없는 경우가 허다하다. "1보", "2보" 등의 머리글을 달고 나오는 기사도 많아졌다. 물론 제목 자체만으로도 충분히 중요한 정보를 전달할 수 있는 경우가 없지는 않지만, '정확'한 내용을 담기에는 제목만으로는 부족한 경우가 더 많은 것이다. 그럼에도 불구하고 이러한 기사들이 쏟아져 나오고 있는 이유는 '신속함'의 경쟁 때문이다. 이는 '클릭 수' 경쟁의 연장선상에 있는 것으로, 같은 내용의 기사라도 다른 미디어보다 조금 더 빨리 노출시켜 클릭 수를 올려 보겠다는 의도를 담고 있는 것이다.

저널리즘의 실종, 언제? 또 어떻게?

저널리즘은 사실을 전달하는 행위를 일컫는다. 이는 단편적인 사실만을 전달하는 것을 말하지는 않는다. 그 사실을 뒷받침할만한 증거가 함께 제시될 수 있어야 한다. 이와 같이 저널리즘이라는 말에는 규범norm이 숨어있다. 가치관과 철학을 담고 당위에 따라 실행되어야 할 사실 전달의 행위가 저널리즘이다.

현재 미디어 비평에서는 '저널리즘이 실종되었다'는 이야기가 반복되고 있다. 사실이 아닌 것을 전달하거나 증거를 제시하지 못하는 경우가 많다는 이야기일 것이다. 가짜뉴스가 넘쳐나기 때문이라는 비판도 있다. 그런데 저널리즘이 '가짜뉴스'라는 말이 통용되기 이전부터, 도널드 트럼프가 그 말을 유행시키기 훨씬 이전부터, 뉴 미디어가 나타나기 이전부터, 이미 빛을 잃어가고 있었던 것은 아닌지도 생각해 보아야 한다. 넓은 의미에서의 '가짜뉴스'가 이미 예전부터 존재해 왔던 것은 아닌지도 고민해 보아야 한다.

과오를 범한 올드 미디어에게 책임을 떠넘기거나, 판을 뒤집는 데 일조한 뉴 미디어에게 화살을 돌리자는 것이 아니다. 저널리즘을 올드 미디어나 뉴 미디어가 납치하여 실종시켰다(?)는 것도 아니다. 실종된 어느 시점을 찾자는 이야기도 아니다. 저널리즘은 어느 순간 연기처럼 사라진 것이 아니다. 정치권력의 선동 도구로 이용당했던 시기나 경제권력의 광고 노예로 전락한 시기에도 저널리즘은 완전히 모습을 감추지 않았고 빛을 보여주었다. 반짝. 반짝.

지금도 저널리즘은 실종되지 않았다. 여전히 어딘가에 살아있고 많은 저널리스트가 빛을 보게 해주려고 노력하고 있다. 다만 가짜뉴스에 조금 가려져 있을 뿐이다. 이 가짜뉴스는 권력의 의도에 따라 보도된 올드 미디어의 뉴스이기도 하고, 클릭 수에 목을

매고 쓰여진 뉴 미디어의 기사 제목이기도 하다. 결국 가짜뉴스의
생산도 가짜뉴스에 대한 비판도 올드 미디어와 뉴 미디어 모두의
책임이고 모두의 몫인 것이다.

제3장

가짜뉴스의 소비

사고 싶은 것만 사듯이……

누가 동기화된 추론을 하는가?

동기화된 추론과 가짜뉴스의 만남

뉴스의 소비, 보는 것과 믿는 것의 차이

사고 싶은 것만 사듯이……

시장에서 거래되는 재화의 종류에는 여러 가지가 있는데, 그 중 필수재^{necessity good}라는 개념이 있다. 개인의 소득이 얼마이든 필수적으로 소비를 해야 하는 재화^{goods}가 그것이다. 현대사회에서 전기나 물과 같이 생활에 없어서는 안 될 재화가 필수재의 예이다. 반대로 사치재^{luxury good}라는 개념도 있다. 생활에 꼭 필요하지는 않지만, 기호에 따라 소비하는 재화가 사치재이다.[13] 보석이나 게임기 따위가 그 예이다. 물론 어떤 한 종류의 재화가 항상 필수재이거나 항상 사치재인 것은 아니다. 물의 소비를 생각해보자. 물은 몸을 씻고 음식을 하는 데 없어서는 안 될 재화이다. 하지만 인간의 생활에 물이 무한정으로 필요한 것은 아니기에 어느 정도 수준까지의 소비

---

13   경제학에서는 개인의 소득이 증가하는 비율보다 더 큰 비율로 소비가 증가하는 재화를 사치재라고 정의한다. 즉, 소비의 소득탄력성이 1 이상인 재화이다.

는 필수재에 가깝다고 할 수 있으나, 그 이상의 수준은 오히려 사치재에 가깝다고도 할 수 있다. 씻을 때 쓰는 물의 경우 반신욕을 많이 즐기는 사람에게, 마시는 물의 경우 비싼 생수를 사서 마시는 사람에게, 그것은 어느 정도 사치재적인 재화가 된다. 그렇다면 뉴스는 필수재나 사치재 중 어느 쪽에 더 가까울까?

우리가 신문이나 TV, 인터넷 포털 사이트 등을 통하여 소비하는 뉴스를 생각해보자. 물론 생활하는 데 어느 정도의 뉴스는 필수적일 수 있다. 하지만 일반적으로 개인의 일상생활에 꼭 필요한 뉴스는 한정되어 있다. 누군가에게는 일기예보 관련 뉴스, 누군가에게는 교통정보, 누군가에게는 전염병 관련 뉴스가 필수적일 수 있다. 하지만 일반적으로 많은 뉴스가 그것이 없다고 우리가 생활을 할 수 없을 정도로 필수적인 것은 아니다. 그렇다면 우리가 접할 수 있는 많은 뉴스는 필수재보다는 사치재에 가깝다고 할 수 있다.[14] 즉, 뉴스를 소비의 많은 부분이 개인의 기호에 따라, 개인의 선호에 따라 선택된다는 것이다.

반지를 살 때 보기 싫은 반지를 사는 사람은 없는 것이다. 본인

---

14   필수라는 개념과는 잘 어울리지 않는다. 물론 뉴스를 소비하는 데 금전적인 비용이 지불되지 않는 경우가 많기 때문에 소득과 연관지어 생각하기에는 무리가 있지만, 여유 시간이 전혀 없는 사람들도 뉴스 소비를 하는지, 여유 시간이 더 많아졌을 때 더 많은 시간을 뉴스 소비에 투자하는지를 생각해 보면 어느 정도 답이 나온다.

이나 다른 사람이 보기에 좋은, 손가락에 끼웠을 때 예쁘고 멋있는 반지를 구매할 것이다. 사치재로서의 뉴스도 마찬가지이다. 보고 싶은 뉴스, 자신의 취향에 맞는 뉴스를 찾아볼 것이다. 스포츠를 좋아하는 사람이라면 스포츠 뉴스를, 연예계 이야기를 좋아하는 사람이라면 연예 뉴스를 볼 것이다. 이렇게 자기가 보고 싶은 뉴스를 찾아보는 행위를 설명할 때 사용되는 개념이 동기화된 추론motivated reasoning이다.

쉽게 말하면 동기화된 추론은 '믿고 싶은 대로 믿는 심리'를 말한다. 심리학자들은 이러한 동기화된 추론이 사람들의 행동과 선택에 영향을 미친다고 이야기한다. 뉴스 소비에 있어 어떤 사람들이 동기화된 추론을 한다면, 그들은 자신들의 입맛에 맞는 뉴스만을 찾아 헤맬 것이다. 또는 자신의 입맛에 맞지 않는 뉴스는 제대로 읽지 않거나 쉽게 그 신빙성을 부정해 버리고 말 것이다. "XX신문/XX일보가 그렇지 뭐." "XX신문/XX일보는 볼 필요도 없어." 믿고 싶은 것만 믿으려는 심리는 보고 싶은 것만 보는 행동으로 연결된다. 뉴스에 대한 선택적이고 편향된 소비가 나타나는 것이다.

누가 동기화된 추론을 하는가?

모든 사람이 동기화된 추론을 한다거나, 모든 사람이 동기화된 추론만 한다는 것은 아니다. 뉴스를 선택할 때, 특정 신문의 뉴스만 보고 다른 신문의 뉴스는 보지 않는 것이 잘못되었거나 어리석은 선택이라는 것도 아니다. 그렇다면 누가 동기화된 추론을 하는 것일까? 그리고 그것은 왜 문제인가?

A일보의 기사는 읽지 않고, B신문의 기사만 읽는 사람이 있다고 하자. 그에게 '선택적인 신문 읽기'를 하는 이유를 물었을 때, "B신문을 읽으면 기분이 좋고, A일보를 읽으면 기분이 좋지 않기 때문"이라고 이야기하지는 않을 것이다. 일반적으로 "A일보는 사실을 왜곡하고, B신문은 사실에 가까운 내용을 전달하기 때문"이라고 이야기할 것이다. 이러한 선택적 소비와 동기화된 추론의 차이, 그 미묘한 관계를 들여다보자.

학계에서는 동기화된 추론을 크게 두 가지로 나누어 이야기한다. 첫째는 목표지향적goal-oriented 동기화된 추론이고 두 번째는 정확도 지향적accuracy-oriented 동기화된 추론이다. 목표지향적 동기화된 추론은 "믿고 싶은 것만 믿는다"는 단순화한 정의와 쉽게 연결된다. 사람들은 믿고 싶은 내용을 마음속에 품고 있고, 그것과 일치하는 내용을 보았을 때 행복감을 느낀다는 것이다. 때문에 뉴스 소비를 할 때 믿고 싶은 내용과 일치하는 뉴스를 찾는 편향bias적인 소비가 나타난다. "B신문을 읽으면 기분이 좋고, A일보를 읽으면 기분이 좋지 않기 때문"에 B신문을 읽는다면, 이것은 목적 지향적 동기화된 추론과 깊이 연관되어 있다.

정확도 지향적accuracy-oriented 동기화된 추론은 조금 미묘하다. 정확한 정보를 얻고자 하는 마음 때문에 편향bias이 발생한다는 것이다. 사람들은 어떤 정보를 얻기 전에 일반적으로 그 정보와 관련된 사안에 대한 어느 정도의 믿음이나 직관을 가지고 있다. 그런데 그 믿음이 100%의 확신과는 거리가 멀 때, 확신을 갖기 위하여 좀 더 정확한 정보를 얻고자 하는 경우가 있다. 이 목적으로 정보를 구하는 행위를 하게 되는데, 이제는 "어디서 그 정보를 구할 것인가"의 문제를 풀어야 한다. 여기서 중요한 것은 "정확한 정보를 제공하는 곳은 어디인가"에 대한 답이다. 결국 정확한 정보를 찾는 개인은, 본인에게 정확한 정보를 제공해 줄 것으로 보이는 미디어에 눈길을 보내게 된다. 이 선택은 정확도accuracy의 동기motivation에서 시작하여, 어떤 특정한 미디어가 정확한 정보를 제공할 것이라는 본인의 주관적인 믿음에 근거한 편향된 방향으로 흘러간다. "A일보는 사실을 왜곡하고, B신문은 사실에 가까운 내용을 전달하기 때문"이라는 논리가 이와 연관되어 있다. 물론 B신문이 A일보와 비교하여 더 사실에 가까운 정보를 전달한다는 것이 객관적인 진실objective truth이라면 이것을 편향이라고 볼 수 없을지도 모른다. 하지만 그 판단 역시도 개인이 내리는 것이기 때문에 주관적일 수밖에 없기에 개인 편향은 분명히 존재하는 것이다.

그 정도에는 차이가 있을지 모르지만 우리 모두가 어느 정도의 동기화된 추론을 하고 있다. 이는 여러 가지 사회과학 실증 연구와 뇌과학 실험 연구 등을 통해서도 뒷받침되고 있다.[15] 결국 사치재로서의 뉴스를 선택적으로 소비할 때, 일반 소비자들 모두가 동기화된 추론의 과정을 따를 수 있다는 것이다.

동기화된 추론과 가짜뉴스의 만남

인터넷 언론이 나타나기 전에는 보고 싶은 뉴스만 찾아보는 것이 그리 쉽지만은 않았다. 구독할 수 있는 일간지 수는 손에 꼽혔고, TV 채널도 몇 개밖에 존재하지 않았던 시절, 뉴스 소비자들은 마음에 들지 않아도 특정 신문이나 방송에서 전달해주는 뉴스만을 소비했어야 했다. 물론 이때에도 동기화된 추론이 작동하여, 자

---

15 Nickerson(1998), Lodge and Taber(2000), Mullainathan and Shleifer(2005), Westen, Blagov, Harenski, Kilts, and Hamann(2006).

신의 기존 믿음과 반하는 내용에 대해서는 믿지 않으려는 태도를 취했을 수 있지만, 자신의 믿음을 확인해 주는 뉴스를 적극적으로 생산해주는 미디어를 찾기는 쉽지 않았을 것이다. 하지만 앞서 가짜뉴스의 생산 부분에서 언급되었던 것처럼, 인터넷이 발달하고 다양한 뉴 미디어가 나타나 생산 시장의 경쟁이 심해지면서, 동기화된 추론을 하는 소비자들의 욕구를 충족시키는 미디어들이 나타나기 시작했다.

동기화된 추론을 하는 이들을 만족시키는 데에는 사실은 중요하지 않다. 그들의 믿음과 생각을 확인confirm해주거나 그것과 반하지 않는 정보만을 제공해 주면 된다. 자기가 좋아하는 연예인을 칭찬하는 뉴스, 자기가 좋아하는 운동선수를 긍정적으로 평가하는 뉴스, 자기가 싫어하는 정치인의 지지율 하락을 보도하는 뉴스를 보고 싶어 하는 사람들에게는, 그 내용의 진실성은 그다지 중요하지 않은 것이다. 이러한 동기화된 추론은 가짜뉴스의 생산을 가속화하고, 가짜뉴스의 생산은 동기화된 추론을 자극한다. 듣고 싶은 뉴스를 찾고, 그 뉴스를 생산해주는 주체들이 존재하여 가짜뉴스가 소비되고 생산되는 균형equilibrium이 유지되는 것이다.[16]

---

16   Gentzkow, Shapiro, and Stone(2015).

뉴스의 소비, 보는 것과 믿는 것의 차이

가짜뉴스를 찾아보는 것 자체는 큰 그렇게 문제가 아닐 수 있다. 우리 모두가 가짜뉴스를 보고 나서 그것이 가짜라는 것을 구별해 낼 수만 있다면 말이다. 어느 정도의 동기화된 추론이 발동하여, 어떤 인터넷 사이트에서 흥미를 끄는 가짜뉴스 링크를 클릭했다고 하더라도 그것이 가짜라는 것을 판별해 낼 수 있다면 클릭하는 행위 자체는 문제가 되지 않을 수 있다. (가짜뉴스 생산자의 광고비 수익을 올려준다는 것이 문제라면 문제이겠지만……) 진짜 문제는 가짜뉴스를 진짜라고 믿는 것이다.

뉴스의 소비를 보는 것과 믿는 것으로 구분해 보아야 할 필요가 있다. 동기화된 추론을 하여 보고 싶고 듣고 싶은 뉴스를 찾아보는 행위는 그것을 믿을지 말지의 판단에 선행한다. 이제 찾아본 그 뉴스를 믿을 것인가 하는 부분은 다시 소비자 개인의 문제가 되는데, 여기서도 동기화된 추론이 발동을 하지 않으리라는 법이 없다. 어느 정도 그럴듯해 보여야 하겠지만, 입맛에 맞는 가짜뉴스를 보고 들어온 사람이라면 동기화된 추론을 통하여 그 뉴스를 믿을 준비가 어느 정도 되어 있다. 반대로 자신의 입맛에 맞지 않는 뉴스의 제목을 본 사람이라면 그 뉴스를 제대로 소화하지 않고 악플을 남길 준비가 되어 있을 것이다. 이처럼 동기화된 추론은 뉴스를 보는 것과 믿는 것 모두에 어느 정도 영향력을 미친다.

　미국에서 진행된 한 설문조사에 따르면 가짜뉴스를 본 사람들의 75%가 그것이 정확하다고 믿었다고 한다.[17] 물론 어떤 가짜뉴스인지, 그것이 얼마나 그럴듯하게 쓰여졌는지, 얼마만큼의 진실이 포함되어 있는지 등에 따라서 그 비율은 충분히 달라질 수 있겠지만, 75%라는 것은 너무나 큰 숫자이다. 해당 설문조사는 미국 성인 3,015명을 대상으로 2016년 11월 28일부터 12월 1일까지 진행되었다. 설문 참여자들에게 6개의 뉴스 제목을 보여주고, 각 뉴스를 본 적이 있는지와 그것이 얼마나 정확하다고 생각하는지 등을 물었다. 6개의 뉴스 중 3개는 가짜뉴스, 나머지 3개는 진짜뉴스였는데, 설문 참여자 중 33%의 사람들이 적어도 하나의 가짜뉴스를 본 적이 있다고 대답했다.[18] 이 중 가장 많은 사람이 기억했던 가짜뉴스가 "힐러리의 이메일 유출 사건을 수사하던 FBI 요원 자살 상태로 발견FBI Suspected in Hillary Email Leaks Found Dead in Apparent Murder-Suicide"이라는 뉴스였다. 2016년 미국 대선 과정에서 나온 가짜뉴스이기에 이 뉴스를 믿을 것인가에 대한 판단은 미국 정치의 미래에 큰 영향력을 발휘할 수도 있는 상황이었을 것이다.

17　Silverman, Craig and Jeremy Singer-Vine. 2016. "Most Americans Who See Fake News Believe It, New Survey Says", BuzzFeed News, December 6.

18　적어도 하나의 진짜뉴스를 봤다고 대답한 사람은 57%였다.

열 명 중 세 명이 가짜뉴스를 보고, 그중 2명 이상이 가짜뉴스를 믿는 상황이라면, 상당히 심각한 것이 아닌가? 가짜뉴스의 소비 문제는 보는 것을 넘어 믿는 것으로 연결되고 있다. 그리고 이것은 개인이 믿는 것을 넘어 다수의 사람, 심지어 소셜 미디어를 통하여 불특정 다수의 사람에게 전달하는 과정을 통하여 대중들 사이에서 빠른 속도로 퍼져 나간다. 마치 유행병처럼 퍼져나가는 이 가짜뉴스는 정보의 유행병을 일컫는 인포데믹의 주범이다.

제4장
가짜뉴스의 전파

근대의 시장

현대의 밥상머리/술상머리

뉴 미디어 시대의 소셜 미디어

가짜뉴스의 전파, 그리고 전파가 만든 가짜뉴스

소셜 미디어에서의 뉴스 전파

네트워크의 동질성homophily과 양극화polarization

확증편향confirmation bias과 반향실echo chamber

근대의 시장

시장의 사전적인 의미는 물건을 사고파는 장소이다. 이때 사용되는 '사고판다'는 개념에는 상품 교환의 기준이 되는 '화폐^{currency}'의 기능이 전제되어 있다. 화폐라는 매개^{media}를 통하여 상품의 교환이 좀 더 활발하게 이루어질 수 있으며, 이것이 시장을 발전시키고 활성화시켰다. 그런데 이러한 근대의 시장은 단순히 상품만이 교환되는 장소 이상의 의미를 가지고 있었다. 평소에는 만나기 힘든 거리에 거주하는 여러 사람이 만날 수 있는 자리이기도 했던 시장에서는 상품뿐만 아니라 다양한 정보도 교환되어 왔던 것이다.

'입소문'이라는 표현이 있다. 입에서 입으로 전해지는 소문이라는 뜻의 이 표현은 활자^{letter}가 존재하거나 통용되기 전에 정보가 전달되는 대표적인 매개체가 인간의 '말^{word}'이었다는 점과 연관되어 있다. 발 없는 말이 천 리 가던 시절에 입소문을 타고 퍼져나갔던 정보가 한자리로 모이고 다시 퍼져나가기를 반복했던 장소가 바로 시장이다. 종이나 휴대폰이 없던 시절, 사람들의 입을 타고 퍼져 나가야 하는 정보는, 사람을 따라 시장에서 모여 사람을 통해 다시 퍼져나가기를 반복했다. 사람과 사람을 이어주는 공간인 시장이 인간 네트워크의 중심인 동시에 정보 네트워크의 중심 역할을 했던 것이다. 사람이 모이는 곳에 정보가 모이고, 정보가 모여드는 곳에 사람이 모였다.

"그나저나 그 이야기 들었수?" "아니? 무슨 이야기?" "아니 글쎄……" 이와 같은 패턴으로 시작되는 대화 속에는 시장에서 사고 파는 물건에 대한 상품 정보부터, 누군가에 제삼자에 대한 사적인 정보, 그리고 화류계 관련 소식과 국내/국제 정세에 이르기까지 다양한 정보가 담겨 있었다. 정부나 정치권에서는 현실 정치에 이러한 시장의 기능을 적극 활용하였다. 정부는 시책이나 왕령을 발표하는 장소로 시장을 활용하기도 하였고, 정치권에서는 필요한 정보를 수집하거나 민심을 확인하는 장소로 시장을 활용하였다.

텔레비전 사극에서 볼 수 있는 흔한 장면 중 하나가 저잣거리나 시장에 붙어있는 방^榜 앞에 사람들이 옹기종기 모여 있는 모습이다. 이때 빠지지 않고 들려오는 대사가 있으니, 바로 "뭐라고 써 있는겨?" 그러고 나면 누군가 글을 읽을 줄 아는 사람이 나서서 그 방을 읽기 시작하고, 모여있던 사람들은 수군거리며 그에 대한 이야기를 나눈다. 지인과 이방인이 한데 모여 뉴스를 소비하는 모습이 여기에 있다. 이렇게 소비된 뉴스는 시장의 인적 네트워크를 통하여 일차적으로 퍼져나가게 되는데, 물건을 사고팔며, 주막에서 국밥을 먹으며, 각자의 마을로 돌아가는 길에 길동무를 하며 나누는 대화 속에서 재생산되고 전파되는 과정을 거친다. 이 뉴스가 집에 도달하여 가족에게 전달되고, 이웃사촌에게 전달되고, 다시 또 장날이 되어 다른 시장에 가는 이가 전달을 하게 되면, 발 없는 뉴스가 입을 타고 천 리를 가게 된다.

현대의 밥상머리 / 술상머리

다양한 대중매체가 발전을 거듭한 이후, 정보 교환의 중심으로서의 시장의 역할은 조금씩 퇴색되어가기 시작했다. 인간의 입을 통해서가 아니라도 신문, 라디오, 텔레비전 등 다양한 매체를 통하여 정보를 전달받을 수 있었기 때문에, 물리적으로 시장에 가서 사람들과 입소문을 주고받지 않더라도 원하는 정보를 더 쉽게 찾을 수 있게 된 것이다. 즉, 정보가 소비되는 장소가 시장과 같이 사람들이 모여 있는 공적인 장소가 아닌, 거실, 안방, 사무실과 같은 조금 더 사적인 장소로 변모한 것이다.

이러한 뉴스 소비 장소의 변화는 뉴스 전파의 방식에도 영향을 미쳤다. 상대적으로 사적인 공간에서 일차적으로 소비된 뉴스는 그대로 머물러 있는 것이 아니라 다시 입소문이 되어 인간 네트워크를 통해 전파된다. 현대에 이르러서는 이 전파의 공간도 상대적으로 사적으로 바뀌었다. 그 대표적인 공간으로 가정이나 직장 밥상머리 대화와 술상머리 토론의 자리를 들 수 있다.

"그나저나, 어제 9시 뉴스 봤어?" 각자가 신문, 라디오, TV에서 보고 들은 뉴스를 주고받으며 한 마디씩을 얹으면 그것이 반찬이되고 안주가 된다. 이렇게 뉴스는 재생산되고 또 그것이 사람들의입을 타고 밥상머리와 술상머리에서 전파되는 과정을 거치게 된다. 차를 마시고 담배를 피우는 공간에서, 등하굣길과 출퇴근길에서도 뉴스는 계속해서 전파되어 간다.

뉴 미디어 시대의 소셜 미디어

뉴 미디어가 발전한 이후 많은 이들이 뉴스의 소비를 뉴 미디어에 의존하고 있다. 미국인들을 대상으로 한 설문조사 결과에 따르면 미국 성인 중 47%가 페이스북에서 정보를 얻었으며, 62%

가 소셜 미디어를 통하여 뉴스를 소비하고 있다고 답했다.[19] 또 다른 연구에 따르면 미국 성인 중 14%는 2016년 대선과 관련된 뉴스를 얻을 때 소셜 미디어가 가장 중요한 매체라 답했다고 한다.[20] 이만큼 뉴스 소비에 있어 뉴 미디어의 올드 미디어 대체는 무시할 수 없는 수준까지 올라왔다고 할 수 있다.

하지만 이러한 뉴 미디어, 소셜 미디어의 무서운 점은 그 일차적인 소비보다는 전파에 있다고 할 수 있다. 앞서 뉴스의 생산을 이야기하며 언급한 바 있듯이, 뉴 미디어의 출현은 뉴스 생산비용의 감소와 직접적으로 연관되어 있었다. 비슷한 관계는 뉴스의 전파에서도 찾아볼 수 있다. 우리는 인터넷 포털이나 온라인 웹사이트에 게재된 뉴스를 몇 번의 클릭만으로 어렵지 않게 소셜 미디어에 공유할 수 있다. 페이스북이나 트위터를 통하여 불특정다수(또는 사전에 지정된 지인들에게) 공유할 수 있는 것은 물론, 카카오톡과 같은 인스턴트 메신저instant messanger를 통해서 공유하는 것도 그렇게 어렵지 않다. 내용을 기억해 두었다가 이야기를 꺼내는 수고를 들이거나, 식사 시간을 기다렸다가 이야기를 전해야 하는 불편함도 사라졌다. 원하는 시간에 아주 간단한 방법으로 상대적으로 많

---

19   Gottfried and Shearer(2017).

20   Allcott and Gentzkow(2017).

은 사람에게 뉴스를 공유할 수 있게 된 것이다.

이렇게 뉴스 공유의 과정이 단순해지고 그 속도가 빨라지면서, 발 없는 말은 더 빠르게 움직일 수 있게 되었다. 그런데 뉴스 전파의 속도가 빨라지고 비용이 줄었다는 것이 긍정적인 면만을 가지고 있는 것은 아니다. 어떤 것이든 행하는 것이 너무 쉬워지면, 그것을 행하는 마음도 가벼워지기 마련이다. 뉴스 공유의 행위 역시도 일부 사람들에게 상당한 가벼움이 되어가고 있다. 어떤 기사를 공유할 것인지, 그 기사의 어떤 부분을 강조할 것인지에 대하여 고민하는 시간이 많이 줄어든 것이다.

공유의 태도뿐만 아니라 뉴스 공유 방식의 변화가 공유 내용 자체에 영향을 미치기도 한다. 과거에는 뉴스를 공유할 때 해당 뉴스의 내용에 대한 전달이 우선해야 했다. 뉴스를 보지 않은 사람에게 뉴스의 내용을 설명하는 과정이 기본이 되어야 했던 것이다. 하지만 소셜 미디어를 활용하여 뉴스를 공유할 때에는 군이 내용 전달에 힘을 쓸 필요가 없다. 뉴스의 내용이 담겨있는 웹 페이지의 링크를 전달해 줄 수 있기 때문이다. 클릭 몇 번으로 기사 전체를 공유할 수 있다는 이유로 큰 고민 없이 기사를 공유하는 경우가 늘어나고 있는 것이다. 때문에 전달되는 뉴스의 개수는 늘어났을지 몰라도 전달되는 내용의 깊이는 오히려 얕아진 경향이 있다.

가짜뉴스의 전파, 그리고 전파가 만든 가짜뉴스

이 가벼운 뉴스 공유의 행위를 더 가볍게 만들어 주는 것이 바로 뉴스 생산과 소비 행태의 변화이다. 앞서 언급한 것처럼, 뉴스의 양이 급속도로 늘어나고, 다양한 뉴스가 생산되면서 자신의 입맛에 맞는 뉴스를 찾아 읽는 사람들이 많아졌다. 자신이 보고 있는 뉴스가 객관적인 사실을 얼마나 잘 전달하고 있는지, 그것을 얼마나 잘 보여주고 있는지에 대하여 깊이 있게 고민하고 뉴스를 소비하기보다는, 자신의 생각과 비슷한 뉴스, 자신의 믿음을 뒷받침해 주는 내용을 담고 있는 뉴스를 무비판적으로 소비하는 경향이 강해지기 시작한 것이다. 이렇게 소비된 뉴스는 소셜 미디어를 통하여 아주 쉽게 재생산된다. 결과적으로 무비판적으로 받아들여진 어떠한 뉴스가 아주 쉽게 공유되는 결과가 나타난다. 이것이 가짜뉴스가 쉽게 재생산되고 빠르게 퍼져 나가는 이유이다. 뉴스를 소비하는 태도와 뉴스를 전달하는 태도에서의 가벼움이 가짜뉴스에게 날개를 달아 준 셈이다.

뉴스의 전달 행위는 이미 생산되고 소비된 가짜뉴스에 날개를 달아주는 것을 넘어, 가짜뉴스를 직접 생산하는 역할을 하기도 한다. 즉, 뉴스 전달의 과정이 진짜뉴스를 가짜뉴스로 둔갑시켜 주기도 하는 것이다. 많은 사람들이 소셜 미디어에 뉴스를 공유할 때 자신의 생각을 덧붙여 적는다. 뉴스 내용 전달을 원본이 담긴 웹페이지의 링크로 대신하게 되면서, 소셜 미디어 이용자들은 자신의 남은 에너지를 자신의 해석, 자신의 믿음을 전달하는 데 쏟을 수 있게 된 것이다. 이러한 행위가 뉴스의 내용 해석을 돕기도 하고, 비판적인 사고를 장려하기도 하는 등의 순기능을 발휘하는 경우도 있기는 하지만, 자의적인 해석이나 자극적인 표현을 통하여 그것을 접하는 사람들이 뉴스의 내용에 집중하지 못하게 한다거나 해당 내용을 왜곡해서 받아들이도록 하는 악기능을 발휘하기도 한다. 자신이 강조하고 싶은 부분만을 뽑아서 보여준다거나, 원기사의 내용과는 다르게 받아들여지도록 의도적으로 왜곡된 해석을 제공할 수 있기 때문이다.

소셜 미디어에서의 뉴스 전파

가짜뉴스의 전달이 아무리 쉬워졌다 하더라도, 많은 사람이 그것을 진지하게 받아들이지 않는다면, 또는 비판적으로 받아들인다면 그 파급력은 그렇게 크지 않을 것이다. 그런데 현실에서는 이러한 발도 없는 가짜뉴스가 날개가 달린 것처럼 빠르게 퍼져나간다. 그 이유는 무엇일까?

페이스북, 트위터, 인스타그램, 카카오톡, 네이버 밴드 등으로 대표되는 많은 소셜 미디어 속에서 사람들은 뉴스에 노출되어 그것을 읽고, 또 그것을 공유한다. 공유의 행위는 각 소셜 미디어의 "공유"[21] 기능을 통하여 좀 더 능동적으로 행해지기도 하고, "좋아요" 기능을 활용하여 상대적으로 수동적으로 이루어지기도 한다. 심지어 내가 모르는 사이, 나의 의도와는 관계없이, 내가 읽은 게시물이나 뉴스가 나와 "친구" 관계에 있는 사람이나 나를 "팔로우follow"하는 사람에게 노출이 되기도 한다. 이렇게 소셜 미디어 사용자들은 알게 모르게 많은 뉴스를 전파하는 역할을 하게 된다.

뉴스를 공유하는 이유를 설명하려면 여러 가지 관련 심리적 요인에 대하여 생각해 볼 필요가 있다. An, Quercia, Cha, Gummadi, and Crowcroft[2014]는 기존 연구를 정리하여 소셜 미디어 내에서 정치뉴스를 공유하는 행위에 대한 이론으로 PoNSPolitical News Sharing 모형을 제시하였다. 〈그림 5〉는 해당 모형을 도표를 통하여 설명하고 있다.

이 모형에 따르면 사람들이 뉴스를 읽고 공유하는 이유를 인식perception의 측면에서 크게 두 가지로 나눌 수 있다. 그 첫 번째는 '자아의 인식'이다. 이에 따르면 사람들은 자신의 만족을 위하여 뉴

---

21   서비스에 따라 Share 또는 Retweet 등의 기능을 활용한다.

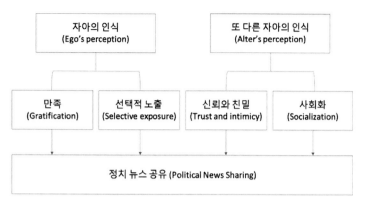

〈그림 5〉 PoNS(Political News Sharing) 모형(An et al., 2014)

스를 읽고 공유하는데, 뉴스를 통한 만족감은 그 뉴스가 가진 정보의 유용성이나 즐거움에 따라 결정이 된다. 또한 자아의 인식과 관련하여, 자신의 성향이나 믿음에 가까운 정보를 제공하는 뉴스를 더 적극적으로 읽고 공유하는 선택적 노출도 작용을 하게 된다. 이러한 선택적 노출은 앞서 언급한 동기화된 추론의 "믿고 싶은 대로 믿는" 경향과도 밀접하게 연관되어 있다.

사람들이 뉴스를 읽고 공유하는 이유와 관련된 두 번째 측면은 '또 다른 자아의 인식'이다. 이는, 쉽게 말하면, "남들이 인식하는 나"를 고려한 뉴스의 공유 행위와 관련이 있다. 신뢰와 친밀를 고려하여 사람들이 믿을만하다고 생각하는 뉴스를 공유하는 것, 그리고 소셜 미디어 속에서 다른 사람들과 관계를 맺는 사회화를 잘 수행하기 위하여 내가 전달한 것을 받아볼 사람들이 좋아할만한 뉴스를 공유하는 것이 또 다른 자아의 인식과 관련된 요소이다.

여기에서는 사회화가 남들의 동기화된 추론과 연결되어 있다고 할 수 있을 것이다.

주목할 것은 선택적 노출과 사회화의 요소는 뉴스가 전달하는 정보의 정확도와는 큰 관련이 없을 수 있다는 점이다. 두 요소는 객관적인 사실에 비추어 유용한 정보를 담은 뉴스를 전달한다기 보다는, 뉴스를 보기 전에 가지고 있었던 자신의 믿음에 더 가까운 뉴스를 전달하거나, 자신이 전달한 뉴스를 보는 사람들이 더 좋아할만한 뉴스를 골라서 전달하는 경향을 설명하고 있기 때문이다. 이러한 심리가 소셜 미디어 내에서 뉴스를 전파하는 사람들에게 의도적으로 가짜뉴스를 전달할 일차적인 유인incentive을 제공해 준다. 진짜라고 믿기 때문이 아니라, 가짜라는 것을 앎에도 불구하고 "내 마음에 드는 내용이라서"라거나 "남들이 좋아할만한 내용이라서" 적극적으로 전달하는 것이다.

또 하나 주목할 점은, 공유하는 주체의 믿음이나 선호와 관련되어 있는 '자아의 인식' 요소와 달리, '또 다른 자아의 인식'과 관련된 내용은 '주체를 통하여 내용을 공유받는 사람들'의 믿음이나 선호와 관련되어 있다는 점이다. 즉, 소셜 미디어 사용자들이 뉴스를 읽고 공유하는 행위는 자신뿐만 아니라 자신과 연결되어 있는 사람들, 즉, 소셜 미디어의 생태계 속에서 자신과 연결되어 있는 네트워크 속 사람들의 성향이나 태도와도 밀접하게 연관이 되어 있다는 것이다. 소셜 미디어 내에서 이러한 네트워크가 어떻게 형성되어 있고 어떤 성향을 가지고 있는지를 분석하면, 소셜 미디어 안에 뿌려진 가짜뉴스의 전파가 가속화되고, 그 영향이 증폭되는 이유를 찾을 수 있을 것이다.

네트워크의 동질성homophily과 양극화polarization

'이웃사촌'이라는 말이 있다. 이제는 식상함을 넘어 "옛날이야기"가 되어버린 이 개념은, (통신 기술이 발전하기 이전에) 가까이 있는 이웃과의 관계가 마치 사촌과의 관계만큼이나 가까웠음을 표현하는 것이다. 당시 우리는 가까운 거리에서 쉽게 마주칠 수 있는 사람들인 이웃과 일상 속에서 이야기를 나누면서 배움을 주고받았고, 그 영향으로 스스로의 믿음을 바꾸고 행동을 변화시켜 나가기도 하였다.[22] 좋든 싫든 물리적으로 가까운 거리에 있는 사람들과 영향을 주고받은 것이다.

그런데 사회가 변화해 감에 따라 '이웃'은 '사촌'이 아닌 '남'이 되어가고 있다. 통신 기술이 발달하여 물리적으로 멀리 떨어져 있

---

22   Bala and Goyal(1998).

는 사람들과의 연락이 용이해 짐에 따라, 물리적인 거리가 가까운 사람들과의 접촉은 상대적으로 줄어들 수밖에 없었다. 가까운 친인척이나 마음이 잘 맞는 친구와 멀리 떨어져 살게 되었을 때에도 그들과의 연락이 상대적으로 쉬워져 서로 의지할 수 있게 되었기 때문에, 옆집에 사는 사람과의 어색한 만남에 굳이 힘을 쏟을 필요가 없어진 것이다. 소셜 미디어의 발전은 이러한 현상을 더욱 가속화 시켰다. 페이스북이나 인스타그램에 사진과 글을 올려 자신의 소식을 전하는 것은 물론, 인스턴트 메신저를 활용하여 언제 어디에서는 실시간 연락이 가능해지면서, 옆집은커녕 옆 사람을 쳐다보지 않아도 되는 세상이 온 것이다.

자신과 마음이 맞는 새로운 친구를 사귀는 것도 상대적으로 쉬워졌다. 관심사가 비슷한 사람들끼리 모이는 온라인 커뮤니티에서 만날 수 있는 것은 물론이고, 이제는 간단한 검색으로 나와 비슷한 관심사interests를 가진 사람들을 찾아내고 또 "친구"를 맺을 수 있게 된 것이다. 이러한 강력한 온라인 네트워킹 기능은 사람들의 인적 네트워크를 상당히 동질적homogeneous으로 만들었다. 쉽게 말해 비슷한 생각을 하고, 비슷한 믿음을 가진 사람들끼리의 네트워크가 강해진 것이다. 소셜 네트워크가 사람들 사이의 네트워크 동질성network homophily을 강화시킨 것이다.

이러한 네트워크 동질성의 강화는 네트워크의 단절disconnection

또는 양극화polarization를 불러온다. 동질적인 사람들 간의 관계 맺음 강화는 이질적인 사람들과의 관계를 약화시키고, 이것이 극단적으로 진행되면 이질적인 네트워크 간에 단절이 일어나게 된다. 이러한 내부적인 동질성과 외부적 단절이 계속되어 두 개의 큰 집단으로 이분화되는 경향이 바로 네트워크의 양극화이다. 사람들의 전체 집합이 두 개의 단절된 네트워크로 나누어지고, 각 네트워크 안에서의 동질성을 아주 강해지지만, 다른 네트워크와의 차이는 더 극명하게 나타나게 되었다. 이러한 단절은 빈부격차의 심화를 통한 부자/가난한 사람의 구분, 세대의 구분, 성별의 구분 등 사회적 양극화의 형태로 나타나기도 하고, 진보/보수와 같은 정치적 양극화로 나타나기도 한다.

페이스북 네트워크를 분석해 보면 정치이념political ideology의 측면에서 상당히 양극화되어있고 단절되어 있다는 것을 확인할 수 있다. 페이스북 이용자들의 "친구" 구성을 살펴보면, 전체 친구 중에서 정치이념적인 측면에서 자신과 다른 성향은 가진 사람들이 차지하는 비중은 평균적으로 20%도 되지 않는다고 한다.[23] 이념 성향에 따라 나누어 보면 진보liberal 성향을 가진 사람들의 친구 중 보수conservative 성향을 가지고 있는 사람들은 약 20% 정도였으며, 보

---

23   Bakshy, Messing, and Adamic(2015).

수 성향 가진 사람들의 친구 중에는 약 18%만이 진보 성향을 가지고 있었다고 한다. 이를 단순한 "친구" 관계로 볼 것이 아니라, 실제로 소셜 미디어 상에서 소통을 하고 있느냐를 기준으로 평가하면 그 수치는 더 낮아질 것이다. 실제로 페이스북에서는 사용자가 스스로 특정 친구의 게시물을 보이지 않도록 설정할 수 있다. 또한 서로의 게시물에 "좋아요"를 누른다거나 댓글을 다는 방식으로 적극적으로 소통을 하는 관계에 있는 친구의 경우에는, 특별한 설정을 하지 않아도 페이스북에서 자체적으로 상대방의 소식을 더 눈에 띄게 만들어 알려주도록 하는 알고리즘algorithm이 작동하고 있다. 결국 20% 정도의 "다른 정치 성향을 가진 친구"와의 소통은 그에 훨씬 못 미치는 정도로 하고 있을 가능성이 높은 것이다.

확증편향confirmation bias과 반향실echo chamber

이러한 소셜 네트워크 상에서의 네트워크의 양극화는 가짜뉴스의 전파에 큰 기여(?)를 하게 된다. 어떠한 사안에 대하여 어느 정도 확고한 믿음을 가진 사람들은, 그러한 자신의 믿음을 확인해주는 뉴스만을 골라 소비한 후 "내 생각이 옳았다"고 생각하게 되는데, 이를 확증편향confirmation bias이라고 한다. 이렇게 확증편향이 작동하여 뉴스를 소비한 사람들은 그 뉴스가 객관적인 사실을 담고 있는지에 대한 깊은 고민 없이 소셜 미디어를 통하여 뉴스를 공유하게 된다. "봐! 내 생각이 맞았어!" 이렇게 전달된 뉴스는 양극화된 네트워크 속에서 전달자와 비슷한 성향을 가진 사람들에 의해서 주로 소비되고, 이것이 다시 공유되어 나가는 과정을 반복하게 된다.

네트워크의 높은 동질성과 양극화는 다른 성향을 가지고 있는 사람, 다른 믿음을 가지고 있는 사람들의 개입intervention과 간섭interference을 제한하는 역할을 한다. 결국 특정 성향을 가진 사람이 전달한 뉴스가 비슷한 성향을 가진 사람들에 의하여 소비되고, 이것이 다시 전달되고 소비되는 과정을 거치면서, 동질적인 집단 내에서만 이야기가 맴도는 반향실echo chamber이 형성된다. 반향실 내에서는 자신이 만들고 전달한 정보가 다시 자신에게 돌아온 것일지라도, 그것이 마치 새로운 정보가 들어온 것처럼 받아들이게 되는데, 이것은 확증편향을 더욱 강화시켜 다시 그 메아리를 크게 만들어 낸다. "나만 그렇게 생각하는 것이 아니었네!" 이 과정 속에서 가짜뉴스는 진짜뉴스가 되어 소비되고 재생산되기를 반복한다.

2016년 미국 대선과 관련한 가짜뉴스가 어떤 경로를 통하여 전파되었는지 분석한 연구에 따르면, 소셜 미디어가 가짜뉴스 전파의 주된 경로임이 밝혀졌다.[24] 정치성향에 따라 양극화되어 있어 반향실 형성에 적합한 네트워크 구조를 가진 소셜 미디어에서 가짜뉴스가 가장 많이 공유되고 소비된 것이다. 실제로 자신이 민주당원 또는 공화당원이라 답한 사람들은, 자신의 이념적 성향과 결을 같이하는 뉴스를 그렇지 않은 뉴스에 비하여 15% 정도 더 잘 믿는 것으로 나타났다. 사실 확인은 거부당하고 메아리만 남게 된 반향실 속으로 가짜뉴스의 실체는 꼭꼭 숨어 버린다.

---

24 Allcott and Gentzkow(2017).

제5장

가짜뉴스와 정치

민주주의와 저널리즘

저널리즘과 가짜뉴스

가짜뉴스와 프로파간다

확증편향과 정치 양극화

민주주의와 저널리즘

민주주의는 국민이 국가의 주권을 가지고 있는 제도 또는 그것을 지향하는 정치사상을 말한다. 민주주의의 시작을 이야기할 때 흔히 언급되는 것이 고대 그리스의 역사이다. 아테네와 같은 고대 그리스 국가에서 '시민'들이 정치에 참여할 권리^{시민권 또는 참정권}를 가지고 정치인으로서 역할을 하며 국가를 운영하곤 하였다.[25] 시민권을 가진 이들은 국가의 모든 의사결정에 직접 참여하였고, 의견 수렴을 위하여 다수결의 원칙을 활용하곤 하였다. 이러한 민주주의의 형태를 '직접 민주주의'라 부른다.

반면 근대적인 민주주의는 17~18세기 시민혁명을 거친 서구

---

25 당시의 '시민' 개념은 현대의 그것과 달라서, 일반적으로 군인으로 역할 할 수 있는 성인 남성을 뜻하는 경우가 많았다.

국가들을 중심으로 발전하기 시작하였다. 그런데 근대적 민주주의를 받아들이기 시작한 서구 국가들은 고대 그리스와 같은 직접 민주주의의 방식을 취할 수는 없는 상황 속에 있었다. 국가의 규모가 상대적으로 커진 만큼 국가적 의사결정을 위하여 요구되는 각종 정보와 지식의 정도가 상당히 높은 수준이 되어 있었으며, 동시에 국민의 숫자가 많이 늘어나면서 개별 사안에 대하여 모든 국민의 의견을 듣고 반영하는 방식으로 의사결정을 한다는 것 자체가 현실적으로 불가능해졌기 때문이다. 따라서 대부분의 국가는 '간접 민주제' 또는 '대의 민주주의'의 형태를 취하게 되었다.

대의 민주주의하에서 국민은 선거 등의 방식으로 본인들을 대신하여 결정 권한을 행사할 대표를 선출하게 된다. 많은 국민이 이러한 투표 참여를 통하여 자신의 참정권을 행사하고, 그 과정을 통하여 선출된 대표들에게 국가의 중대사에 대한 결정 권한을 대표자들에게 빌려준다. 물론 상황에 따라 국민투표와 같이 직접 민주주의의 방식에 따라 국가적 의사결정을 하기도 하지만, 대부분의 경우 선거를 통하여 선출되거나 법에 따라 임명된 대표들이 의사결정을 주도하게 된다. 그렇다고 국민의 주권까지 대표자들이 가져가는 것은 아니다. 국민은 여전히 국가의 주인이고, 대표자들은 국민의 뜻을 따라야 한다. 규범적으로 그렇다.

이러한 대의 민주주의 상황 속에서 국민은 대표자들이 국가 운영을 잘하고 있는지, 대표자들이 정치 결정 권한을 제대로 행사하고 있는지에 대하여 감시할 필요가 있다. 그러기 위해서는 대표자들의 결정과 관련한 정확한 정보를 확보할 필요가 있는데, 이것을 도와주는 것이 바로 저널리즘이다.

사실을 전달하는 행위를 뜻하는 저널리즘은 근대 민주주의의 발전과 함께 그 근대적 의미가 정립되어 왔다. 절대주의적인 지배계급의 탄압 속에서 정치적인 혁명을 이루어 내고자 했던 시민계급은 서로의 의견을 공유하고 정치적인 힘을 키우기 위하여 언론과 출판의 자유를 얻고자 하였다. 시민혁명을 통하여 민주주의로의 변화를 이루어 낸 이후에도, 이러한 언론과 출판의 자유는, 결정권한을 위임받은 시민 대표들의 정치 행위와 권력 행사를 견제하고 감시하기 위하여 필수적인 것으로 인식되어 왔다. 이것이 바로 대의 민주주의 사회에서 저널리즘의 역할인 것이다.

저널리즘과 가짜뉴스

대의 민주주의가 이상적으로 작동하려면 대표자를 선출하는 유권자electorate들이 사회와 정치 상황에 대하여 정확한 정보를 제공받을 수 있어야 한다. 대중을 위하여 일해 줄 대표를 선출하고 그들의 행보를 견제하기 위해서는 정치인들의 선택과 행동을 정확하게 전달해 줄 수 있는 **저널리즘**이 필수적으로 요구되는 것이다. 실제로 언론은 중요한 역사적 사건 속에서 정치권력의 부패와 타락, 비리를 고발하며 민주주의를 수호하고 시민에게 권력을 돌려주는 데 지대한 역할을 하곤 하였다. 1987년 한국 경찰 수사관들이 서울대학교 학생 박종철을 심문하던 중 물고문을 죽음에 이르게 한 '박종철 고문치사 사건'이 세상이 알려지기 시작한 것도 중앙일보의 관련 보도가 있었기 때문이다. 1971년 미국에서는 『뉴욕타임즈*New York Times*』와 『워싱턴 포스트*Washington Post*』가 소위 '펜타곤 페이퍼*Pentagon paper*'의 존재와 내용을 공개하고 베트남 전쟁의 실상을 밝힘으로써 미국 정부가 무리한 침략 전쟁을 벌였음을 세상에 알리기도 하였다. 이렇게 언론이 저널리즘에서 기대되는 역할을 해 줄 수 있다면, 주권을 가진 자들이 정치권력을 효과적으로 견제하고 대항할 수 있게 된다.

하지만 안타깝게도, 근대 이후 민주주의 사회 속에서, 저널리즘에 대한 이러한 요구와 기대는, 어느새 형성된 정치권력에 눌려 제대로 힘을 발휘하지 못하는 경우가 많았다. 앞서 "가짜뉴스의 생산"에서 언급한 것과 같이, 정치 체제가 대의 민주제의 형식을 따르고 있는 근현대 국가에서도, 군사력이나 경제력을 가진 소수의 사람으로 구성된 정치권력과 경제권력은 언론과 출판을 자신들의 선전 도구나 광고 수단으로 사용하며 대중의 생각을 좌지우지하는 경우가 있었던 것이다. 이와 같이 국가와 정치, 사회와 관련된 전반적인 정보가 소수의 주체에 의하여 조정당하게 되면, 법적으로 주권을 가지고 있는 사람들이라 할지라도 그것을 적절하게 사용하기 위한 합리적인 판단을 내릴 수가 없게 된다. 소수 권력자에 의하여 주어지는 정보에 좌지우지되는 국민은, 실질적으로 자신들이 가진 주권을 정치권력과 경제권력을 장악한 지배층에게 빼앗기게 되는 것이나 다름이 없는 것이다. 마치 봉건사회의 백성들처럼……

1980년 5월 18일, 전라남도 광주^{현재 광주광역시}에서 광주 시민과 전라남도 도민을 중심으로, 전두환 보안사령관과 신군부 세력의 퇴진을 요구하는 5·18광주민주화운동이 일어났다. 1979년 12·12군사쿠데타로 정권을 잡은 전두환 보안사령관은 '비상시국의 상황을 수습'한다는 명목하에 1980년 5월 17일 비상계엄령을 선포한다. 그 결과 그는 군정장관으로서 입법/사법/행정 등 모든 권력을 장악하게 된다. 이러한 상황에 반발하여 광주 지역 대학생을 중심으로 한 많은 시민은 전두환의 퇴진과 비상계엄 해제를 요구하는 시위를 시작한다. 신군부는 이에 대응하여 공수부대를 투입, 시위대 및 시민들을 폭력진압 하였고, 이로 인해 180여 명의 사망자와 380여 명의 부상자가 발생하였다. 그런데 당시 언론은 신군부에 의하여 실질적으로 장악을 당한 상황이었기 때문에, 이와 같은 상황에 대한 정확한 정보를 국민에게 전달할 수가 없었다.

언론은 인명피해나 진행상황을 축소하고 왜곡하여 보도하였다. 심지어 광주 MBC와 KBS는 계엄군의 물리적인 공격에 많은 시민이 쓰러져 가는 상황을 "학생들의 소요 사태"로 인한 경미한 피해가 있었을 뿐이라며 축소 보도하였다. 이에 더해 다른 지역 사람들은 "북한군의 침투가 있었고, 그것이 광주 소요사태를 키웠다"는 식의 가짜뉴스를 전달받기도 하였다. 많은 국민들이 왜곡된 정보를 받아 들고 있었던 상황 속에서, 사태의 심각성이나 정치적 의미를 제대로 파악하기는 쉽지 않았다. 1980년 5월 27일, 무력 진압에 성공한 신군부는 국가보위비상대책위원회라는 임시 행정 기구를 조직하고 전두환을 상임위원장으로 올렸다. 결국 같은 해 8월, 최규하 대통령은 하야하였고, 전두환은 9월 1일에 장충체육관에서 열린 간선 투표를 통하여 대한민국 11대 대통령에 취임하게 된다.

물론, 광주민주화운동과 계엄군의 무력 진압 이후, 전라도나 광주 이외의 지역에서도 해당 사태의 실상을 알리고 신군부로부터 민주주의를 지켜내려는 노력이 없었던 것은 아니다. 하지만 이미 정치 및 군사 권력과 언론을 장악하고 있었던 신군부의 감시하에서 사실을 전달하고 저항의 목소리를 내려 했던 작은 노력들은 끝내 그 큰 뜻을 이루어내지 못하고 사그라들고 말았다. 국민은 오랜 독재의 그늘에서 벗어날 수 없었고, 동서로 나뉘었던 지역주의 감정은 피해자와 가해자를 자처하며 더욱 심화되었으며, 30년이 지난 아직까지도 이 지역감정 골은 여전히 깊어 보이고, 그 정치적 영향력도 건재(?)해 보인다. 언론의 역할이 민주주의의 발전을 얼마나 저해할 수 있는지를 보여주는 사건이 아닐 수 없다.

이렇게 대의민주제하에서 지배세력 및 정치권력의 프로파간다는 가짜뉴스를 선도해 왔다고 해도 과언이 아니다. 아무리 강한 군사력이나 경제력을 가진 세력이라고 할지라도 국민에게 주권이 있는 민주주의하에서 정치 권력을 유지하기 위해서는 대중의 눈치를 보지 않을 수 없다. 때문에 민주주의의 틀 안에서 오랜 기간 독재적 지배를 이어가고자 하는 정치권력에게 '많은' 국민의 눈과 귀를 속이고 그들을 권력이 원하는 대로 믿고 행동하도록 만드는 선전과 선동, 즉, 정치적 프로파간다가 필수적일 수밖에 없었다. 이런 프로파간다가 사실 전달을 목표로 하는 저널리즘을 좀먹은 것이다.

가짜뉴스와 프로파간다

프로파간다는 '진짜'여야 할 이유가 없다. 아돌프 히틀러Adolph Hitler는 다음과 같이 말했다. "프로파간다는 진실을 섬겨서는 안 되며, 그것은 특히 진실이 적에게 유리한 상황을 가져올 수 있다면 더욱 그렇다." 즉, 적enemy에게 도움이 될 수 있는 사실이라면 선전을 해서는 안 되는 것이며, 그 경우에는 적에게 도움이 되지 않는 거짓을 전달하는 편이 낫다는 것이다. 이렇게 동지와 적이 명확하게 구분되어 있는 전쟁의 상황을 거치면서 프로파간다는 '선전'의 의미보다는 '선동'의 의미를 가진 표현으로 쓰이기 시작하였다.

대의민주주의하에서 프로파간다는 가짜뉴스를 활용한 선동으로 저널리즘을 좀먹었고 민주주의를 쓰러트렸다. 나치당국가 사회주의 독일 노동자당, Nationalsozialistische Deutsche Arbeiterpartei의 선동에 국민투표를 통하여 히틀러에게 총통의 자리를 내어준 1933년의 독일은 표면적으로 대의 민주주의의 형태를 띠고 있었으나, 그 힘을 하나의 정당에 몰아주는 1당 독재를 실현시킴으로써 전 세계를 전쟁의 소용돌이 속으로 몰아넣는다. 반유대주의와 독일민족주의를 자극하는 온갖 선전과 가짜뉴스가 경제공황에 힘들어하던 당시 독일 국민의 주권을 나치당에 위임하도록 유도하였고, 나치당은 그 위임받은 힘을 기반으로 국가 권력을 장악하는 것을 넘어 세계 정복의

야욕을 드러낸 것이다.

이러한 히틀러 시대의 프로파간다와 소셜 미디어 시대의 정치적 가짜뉴스는, 거짓을 담고 있다는 점에서 공통점을 가지고 있기도 하지만, 표면적인 특성에서 큰 차이를 보여주고 있기도 하다. 히틀러 시대의 프로파간다는 상징적이고 수사적인 언어를 많이 사용하였다. 히틀러의 국민계몽선전장관으로 일했던 괴벨스Paul Joseph Goebbels는 유대인 집단 거주지 게토ghetto에 대한 인상을 다음과 같이 표현했다. "이들은 인간이 아니라 짐승이다. 그렇기 때문에 이는 인도주의의 문제가 아니라 단지 외과수술의 문제일 뿐이다." 유대인 학살을 부추겼던 이 발언은 그가 남긴 가장 대표적인 발언 중 하나로 꼽히는데, 어떤 구체적인 (가짜)사건이나 (가짜)증거도 담고 있지 않고, 상징적이고 수사적인 표현으로 유대인에 대한 공포심과 적개심을 자극하고 있을 뿐이다.

반면 현대의 가짜뉴스는 상당히 구체적이고 상세한 형태의 거짓 정보를 담고 있다. 페이스북을 통하여 2천 9백만 번 이상 조회되었던 트럼프당시 미국 대통령에 대한 가짜뉴스를 살펴보자. 트럼프 대통령의 탄핵을 요구하는 페이스북 페이지에는 2019년 2월 14일, Ahtribune.com이라는 웹사이트의 기사가 공유된다. 해당 기사의 내용은 트럼프 대통령의 할아버지가 포주pimp이고 탈세를 하였으며, 트럼프 대통령의 아버지는 대표적인 백인우월주의 테러조직

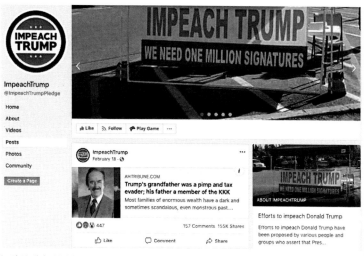

〈그림 6〉 페이스북에서 공유된 트럼프 대통령 관련 가짜뉴스　　출처_ImpeachTrump 페이스북 페이지

인 Ku Klux Klan^{일명 KKK}의 일원이었다고 밝히고 있다.

〈그림 6〉에서 볼 수 있듯이, 트럼프 대통령에 대한 이러한 가짜뉴스는 상당히 구체적이고 상세하며, 마치 객관적인 진짜 사실을 담고 있는 뉴스 기사인 것처럼 쓰여져 있다. 사진과 기사 제목, 그럴듯한 웹사이트 이름까지, 진짜뉴스의 그것을 상당한 수준으로 모사하고 있는 것이다. 이 자극적인 가짜뉴스가 2천 9백만 번 조회되었다는 것은, 그만큼 그럴듯한 형태를 띠고 있었다는 방증이 아닐까?

이러한 의미에서 프로파간다는 감성을 자극하여 사람들을 현혹시키는 '주술사의 언어'와 같고, 가짜뉴스는 거짓을 사실처럼 꾸며 사람들을 잘못된 추론^{reasoning}으로 이끄는 '사기꾼의 언어'와 같다. 전자는 은유적이어서 그릇된 상상력을 자극하고, 후자는 구체적이어서 그릇된 결론 도출을 유도한다. 전자는 모호함과 불확실성에서 오는 두려움을 자극하고, 후자는 구체적인 거짓을 사실과 같이 묘사하여 가짜에 대한 확실성을 높여준다.

이러한 가짜뉴스의 그럴듯함이 확증편향confirmation bias과 합을 맞추면 유권자들의 믿음은 극단으로 향하게 될 수밖에 없다.

확증편향과 정치 양극화

현대사회의 유권자들이 과거에 비해 정보를 중요하게 생각하지 않는 것은 아니다. 사회 및 정치와 관련된 정보에 대한 갈구는 여전히 존재하고, 오히려 과거에 비해 더 많은 시간 동안 미디어를 접하며 생활하고 있다. 정보통신Information Technology, IT 기술이 발전함에 따라 정보에 대한 접근성이 더 좋아졌고, '정보가 힘'이라는 인식이 강화되었기 때문이다. 이렇게 정보를 획득함으로써 힘을 얻고자 하는 움직임에 더해 정보의 재생산과 공유가 활발해졌다는 것은 소셜 미디어 사회의 긍정적인 부분이 아닐 수 없다.

하지만 이러한 미디어 환경은 인간의 또 다른 욕구를 손쉽게 충족시키도록 한다. 바로 행복한 이야기를 듣고자 하는, 자신이 가지고 있었던 믿음을 거스르지 않는 정보를 얻고자 하는, 확증편향의 욕구이다. 앞서 이야기되었던 것처럼 이러한 확증편향은 동기화된 추론motivated reasoning과 함께 가짜뉴스의 소비에 있어 결정적인 역할을 한다.

사실 이러한 확증편향에 의한 단편적인 가짜뉴스의 일회적 소비를 정치적으로 큰 문제라고 이야기하기는 힘들다. 어차피 확증편향이 강한 시민 또는 유권자였다면 가짜뉴스의 일회적 소비로 그 믿음이 크게 왜곡될 것이라 보기는 어렵기 때문이다. 문제는 이러한 입맛에 맞는 가짜뉴스에 대한 적극적인 소비가 또 다른 가짜뉴스의 생산을 자극한다는 점이다. 이는 저널리즘을 외면한 가짜미디어의 난립으로 이어져 미디어 시장의 전반적인 건전성integrity을 손상시킨다.

미디어 환경에는 명확한 행위규범code of conduct이 없다. 의사들의 히포크라테스 선서나 간호사들의 나이팅게일 선서와 같은, 기자나 언론인 공통의 윤리적 지침은 존재하지 않는다. 법적으로 보아도 미디어가 지켜야 할 가치 규범이 명시되어 있는 경우는 거의 없다. 오히려 표현의 자유나 언론의 자유를 지키기 위해 "자유"에 방점을 찍는 조항들이 이 더 많다. 물론 왕정과 귀족정치, 독재의 역사를 극복해 가는 과정 속에서 지배세력의 프로파간다에 대응하기 위하여 언론의 자유 수호는 필수적인 것이 아닐 수 없었다.

하지만 소셜 미디어의 출현으로 급격한 변화를 겪고 있는 현재의 미디어 환경 속에서 행위규범 및 법규범의 부재는 확증편향의 욕구를 타고 가짜뉴스가 무작위로 생산되는 현상을 두고 볼 수밖에 없게 한다.

확증편향을 자극하는 가짜뉴스는 사회의 정치적 양극화를 촉진시킨다. 근대 이후 정치 지형 하에서 진보와 보수의 가치는 치열하게 맞서 왔으며, 때문에 많은 정치적 선택 앞에서 유권자들은 둘 중 어느 편에 설 것인가라는 질문을 마주하곤 했다. 이러한 이분법적인 사고방식은 유권자들을 좌우의 두 편으로 갈라놓곤 하는데, 이렇게 형성된 집단의 이해나 고정관념 아래 확증편향의 욕구는 각 집단이 옳다고 믿는 '사실'과 결을 같이하는 정보를 갈구하게 한다. 이와 같은 욕구를 겨냥하여 정치적으로 그리고 당파적 partisan으로 편향된 뉴스 미디어가 가짜뉴스를 생산하면, 그것은 각 진영에 의해서 적극적으로 소비되고 또 전파된다. 이렇게 비슷한 성향을 가지고 비슷한 믿음을 가진 집단이 본인들이 믿는 '사실'을 확인confirm해주는 뉴스를 끊임없이 공유하고 재생산하면, 그들만의 반향실echo chamber이 형성되고 편향된 믿음은 거짓 정보에 기반하여 공고해질 수밖에 없다.

일부 미디어를 통하여 생산된 정치적으로 편향된 가짜뉴스는, 강한 확증편향 욕구를 가지고 있는 유권자들에 의하여 소비되고 재생산된다. 이렇게 공유된 가짜뉴스는 다시 비슷한 성향의 유권자들에 의하여 소비되고 또 재생산된다. 이 반향실 속에서 유권자들의 성향은 더욱 극단으로 향하게 되고, 이에 자극을 받은 미디어는 그들의 입맛에 맞는 또 다른 가짜뉴스를 생산하여 전달한다. 하나의 뉴스가 생산되고 소비되는 뉴스 사이클news cycle이 갈수록 짧아져 가는 소셜 미디어의 시대에, 가짜뉴스는 양극의 반향식 안에서 끊임없이 메아리를 만들어 낸다.

이와 같이 가짜뉴스 미디어는 거짓 정보를 생산하여 '기존에 없었던 잘못된 믿음'을 이끌어낸다는 것을 넘어, 입맛에 맞는 거짓 뉴스를 생산하여 '기존에 있었던 잘못된 믿음'을 강화한다는 점에서 정치양극화를 가속화하고 민주주의와 저널리즘의 정신을 훼손시키고 있는 것이다.

제6장

팬데믹과 인포데믹

COVID-19 팬데믹과 인포데믹

"소금물의 효능"과 "연구비 지원" 의혹

의료뉴스와 정치뉴스

전염병에는 백신, 가짜뉴스에는 팩트체크?

COVID-19 팬데믹과 인포데믹

2019년 12월, 중국 우한에서 원인 모를 질병이 보고되었다. 감기 또는 폐렴과 비슷한 증세 보이는 이 질병은 순식간에 전 세계로 퍼져나갔다. 114개국에서 11만 8,000건이 넘는 감염자가 발생하자, 세계보건기구World Health Organization, WHO는 이 질병에 대하여 전염병의 전 세계적 대유행인 '팬데믹'을 선언하기에 이른다. COVID-19. 세계보건기구가 제안한 이 질병의 공식 명칭이다. 바이러스의 종류인 코로나Corona에서 CO를, 바이러스virus에서 VI를, 질병disease에서 D를 따고, 첫 사례가 보고된 연도인 2019년의 19를 따서 만든 이름이다.

사실 이렇게 COVID-19라는 그럴 듯한(?) 이름을 붙일 때까지만 해도, 그리고 심지어 팬데믹이 선언될 때까지만 해도, 이 병의 원인이 무엇인지, 그리고 처음으로 인간이 해당 바이러스에 감염된 경로가 무엇인지가 명확하지 않았다. 천갑산을 통하여 감염되었다는 연구, 중국 우한의 수산시장에서 본격적인 전염이 시작되었다는 연구 등이 나왔지만, 다른 한편에서는 2019년 12월 이탈리아에서 수집된 폐수에서 해당 바이러스가 검출되었다는 연구가 나오면서, 팬데믹의 시작점과 그 경로에 대한 정확한 정보를 알기는 쉽지 않았다. 이렇게 생명을 위협하는 전염병에 대한 정보의 불확실성이 커지자, 그에 대한 부정확한 정보들이 쏟아져 나오고 공유되기 시작하였다. 팬데믹에 대한 인포데믹이 시작된 것이다.

전염병과 가짜뉴스는 그 전파의 과정이 상당히 유사하다. 둘 모두 사람을 매개로 하여 전파되는데, 한 사람이 가지고 있었던 것이 한꺼번에 많은 사람에게 동시에 전달될 수도 있다. 그렇게 전달된 바이러스에 감염되거나, 가짜뉴스에 속은 사람들은 다시 자신들과 접촉한 사람들에게 바이러스나 가짜뉴스를 전달하는 역할을 한다. 때문에 더 많은 사람과 만나거나 의사소통을 하게 되면, 전염병과 가짜뉴스에 노출될 확률이 높아질 수밖에 없게 된다. 그런데 여기서 흥미로운 것은 2020년에 COVID-19 팬데믹 극복을 위해 사용한 "사회적 거리두기"가, COVID-19 인포데믹 극복에는 큰 도움이 되지 않았다는 점이다.

COVID-19는 그 이전에 나타난 메르스나 신종플루에 비해 치사율은 높지 않지만, 더 강력한 전염성을 가지고 있었기에 사상 최악의 팬데믹을 피할 수 없게 하였다. 현대사회의 물리적인 연결망 속에서 살아가다 보면 너무 쉽게 COVID-19에 노출될 수 있고, 감염으로 이어질 수 있는 것이다. 반면 COVID-19에 대한 가짜뉴스에 노출되게 하는 것은 이러한 물리적인 연결망보다는 인터넷 공간, 가상의 공간에서의 사회 연결망social network이었다. 때문에 전염병의 확산을 막은 물리적인 거리두기가, 페이스북과 유튜브, 카카오톡 등으로 연결된 사람들 간의 의사소통을 더욱 활발하게 하여 가짜뉴스를 더 빠르게 확산시키는 역설적인 상황이 펼쳐진 것이다.

〈그림 7〉 경기도의 한 교회에서 코로나 바이러스를 퇴치하기 위하여 분무기로 소금물을 뿌리고 있다.

출처_연합뉴스

"소금물의 효능"과 "연구비 지원" 의혹

2020년 3월, 경기도의 한 교회에서 COVID-19의 확진자가 무더기로 발생하는 사건이 있었다. 대구를 중심으로 하는 종교집단에서 집단 감염이 발생한 지 한 달도 채 지나지 않았던 시기라, 예배를 강행한 경기도의 해당 교회는 대중에게 많은 비판을 받았다. 그런데 예배 강행보다 대중을 더 경악하게 만들었던 것은 해당 교회에서 소금물을 사용하여 코로나바이러스 퇴치하려는 시도를 했다는 점이었다. 한 교인이 소금물이 들어있는 분무기를 사용하여 예배에 참여하려는 다른 교인들의 입 안에 소금물을 분사한 것이다. 바이러스 퇴치를 목적으로 한 이 행위는 분무기를 통하여 신도들 사이에 비말을 전파되도록 함으로써 오히려 바이러스를 더 많이 확산시키는 역할을 하여, 결과적으로 해당 교회에서만 60명 이상의 확진자를 발생시켰다.

그렇다면 이 교회에서는 왜 소금물로 바이러스를 퇴치하려고 했을까? 비슷한 시기 소셜 미디어에는 "소금물로 바이러스를 퇴치할 수 있다"는 가짜뉴스가 전파되고 있었다. 어떤 유튜브 채널의 진행자는 "객관적으로 밝혀진 사실"이라며 소금이 코로나바이러스의 DNA와 RNA를 파괴한다고 주장하였다.[26] 그 외에도 많은 블로거가 소금물로 코로나바이러스 파괴가 가능하다는 점과, 분무기 등을 활용하면 효과적이라는 근거 없는 내용을 "객관적으로 밝혀진 사실"로 둔갑시켜 재생산했다. 소금물의 효과에 대한 가짜뉴스를 생산/재생산한 이들 중에서 "객관적인 사실"을 확인해 본 이는 없었다. 그들은 많은 이들의 관심을 받을만한 뉴스를 본인의 유튜브 채널이나 블로그에 공유하여 클릭 수 상승과 페이지 노출을 늘리기만 하면 되는 것이었다.

이렇게 생산/재생산된 의료 관련 가짜뉴스는 페이스북이나 카카오톡과 같은 소셜 미디어를 통하여 급속도로 퍼져나갔다. 정체 모를 질병 감염의 두려움으로 떨던 대중은 예방이나 치료에 대한 뉴스를 간절하게 기다렸고, 그럴듯한 "객관적으로 밝혀진 사실"을 제공하는 뉴스에 눈을 돌렸다. 전염성이 강한 질병이니만큼 나만 알고 넘어갈 수 없다는 생각에 관련 뉴스를 열심히 공유하기도 하였다. 이렇게 공유되는 횟수가 늘어날수록 근거가 빈약한 해당 뉴스의 "객관성"에 대한 믿음을 공고해졌다. 반향실 효과가 나타난 것이다. 이러한 상황 속에서 경기도의 한 교회가 소금물을 분무기에 담아 신도들의 입에 뿌렸다. 인포데믹의 결과가 팬데믹의 악화

---

26   최훈(2020).

내용 참고: 트윗 텍스트는 다음과 같음:

> Rep. Matt Gaetz @RepMattGaetz · Apr 14, 2020
>
> For years, the US government has been funding cruel animal experiments at the Wuhan Institute of Virology, which may have contributed to the global spread of COVID-19, and research at other labs in China with virtually no US oversight.
>
> It has to end now.
>
> washingtonexaminer.com
> **Taxpayer-funded animal experiments tied to Chinese 'wet markets' an...**
> Taxpayers may have unwittingly funded the same "wet markets" and laboratory in China that lawmakers are turning their attention to durin...
>
> ○ 277   ⟲ 702   ♡ 1.3K   ↥

〈그림 8〉 미국 하원의원 맷 게이츠의 트위터. 오바마 정부가 우한의 연구소에 연구비를 지원했다는 이 야기를 하고 있다.   출처_ 맷 게이츠 트위터

로 이어진 비극적인 사건이었다.

한 달 정도의 시간이 지난, 2020년 4월, 미국에서는 버락 오바마 전 대통령과 COVID-19의 관련성에 대한 음모론이 들끓었다. "오바마 정부가 코로나바이러스 관련 실험을 하는 중국 우한의 연구기관에 370만 달러를 지원해 줬다"는 내용을 기본으로 하는 이 뉴스는, 〈그림 8〉에서 볼 수 있듯이, 플로리다 하원의원 맷 게이츠 Matt Gaetz가 해당 연구기관이 "COVID-19의 세계적인 확산에 **기여했을 수 있다**may have contributed to the global spread of COVID-19"는 트윗tweet을 올리

면서 급속도로 확산되었다. 해당 트윗은 700번가량 리트윗retweet되었는데, 상황은 그것으로 마무리되지 않았다. 4월 19일, 한 페이스북 사용자는 자신의 페이지에 다음과 같은 내용을 공유한다.

WELL WELL WELL IN 2015 OBAMA GAVE THE CHINESE LAB IN WUHAN 3.7 M GRANT to study the corona virus WHAT A COINCIDENCE !!!

오호라, 2015년에 오바마가 우한의 중국 연구실에 코로나바이러스 연구하라고 370만 달러의 연구비를 줬어. 무슨 우연이람!!!

위의 내용은 5만 5천 번 이상 공유되었고, 많은 이들의 관심을 끌었다.[27] 이렇게 확산되기 시작한 오바마 대통령과 COVID-19 간의 관계에 대한 의혹은 아래와 같은 내용으로까지 부풀려진다.

〈그림 9〉의 내용을 번역해 보면 "(트럼프 대통령에 따르면) 오바마 전 대통령이 380만 달러의 돈을 COVID-19를 **만들어낸** 우한의 연구실에 지원했다는 것, 그리고 이 때문에 오바마 대통령이 전 세계 15만 명의 사망과 **직접적으로 연결되어 있다는 것**"이다. "관련이 있을지도 모른다"는 내용이 "관련되어 있다"로 바뀐 것이다. 이

---

27   Brown and Hjelmgaard(2020).

BREAKING NEWS: ARE YOU SITTING DOWN??? PRESIDENT TRUMP JUST ANNOUNCED THAT THE "BIOLOGICAL" LAB IN WUHAN WHERE THE COVID-19 VIRUS WAS CREATED WAS "FUNDED" BY PRESIDENT BARAK HUSSEIN OBAMA IN 2015 TO THE TUNE OF $3,800,000 AMERICAN DOLLARS!!! THIS FACT DIRECTLY LINKS OBAMA TO ALL 150,000 DEATHS AROUND THE WORLD! BTW, THIS SAME OBAMA JUST ENDORSED CREEPY JOE BIDEN FOR THE PRESIDENCY! FOLKS, YOU CAN'T MAKE THIS STUFF UP!

〈그림 9〉 한 페이스북 이용자(James Carlton)가 2020년 8월 20일에 올린 포스트

와 같은 포스팅이 페이스북이나 인스타그램을 타고 급속도로 퍼져나갔고, 많은 이들이 이를 사실이라고 믿기도 하였다.

USA Today의 Fact Check 기사에 따르면 오바마 전 대통령이 코로나바이러스의 창궐과 직접적으로 연결되어 있다는 위의 의혹은 사실이 아니다.^{Brown & Hjelmgaard, 2020} 오바마 정부가 중국 연구소와 함께 일하는 미국 연구 집단^{American research groups}에 연구비 지원을 한 것은 사실이며, 그중 60만 달러의 연구비가 우한바이러스학연구소^{Wuhan Institution of Virology}와 관련된 연구에 지원된 사실은 있다. 하지만 해당 연구소는 세계의 다른 많은 연구소처럼 코로나바이러스라는 것을 연구하고 있었을 뿐이었고, COVID-19를 만들어냈다는 증거는 없다. 또한 오바마 정부가 370만 달러를 해당 연구소에 직접 지원한 것도 사실과 거리가 멀다.

누군가가 보기에는 소금물을 이용하여 코로나바이러스를 퇴치할 수 있다는 것이든, 오바마 전 대통령이 370만 달러에 달하는 연구비를 코로나바이러스를 "만들어낸" 중국 연구소에 지원했다는 것이든, 똑같은 허무맹랑한 이야기처럼 들릴지도 모른다. 그런데 이 두 개의 가짜뉴스는, 실제로 믿는 사람이 있었다는 공통점도 가지고 있지만, 큰 차이점을 가지고 있기도 하다. 바로 전자는 의료 정보와 관련되어 있고, 후자는 정치적인 정보와 관련되어 있다는 점이다.

의료뉴스와 정치뉴스

공포스러운 팬데믹에 대한 정보는 크게 두 가지의 부류로 나눌 수 있다. 첫째는 의료와 관련된 정보medical information이다. 질병의 원인, 증상, 예방법, 치료법과 관련된 정보가 이것이다. 둘째는 사회 또는 정치와 관련되어 있는 정보political information이다. 정부와 기관의 대응 방식과 그 영향, 행정 조치의 효과성 및 위법성, 타국의 중앙 및 지방 정부와의 외교에 대한 정보 등이다. 이 두 가지 뉴스의 부류 중 무엇 하나 중요하지 않은 것이 없다. 위기의 팬데믹 시기를 극복해 가기 위해 개인과 사회의 전방위적인 노력이 필수적으로 요구된다는 점에서, 의료 뉴스^{medical news}와 정치 뉴스^{political news}는 모두 중요하다고 할 수 있다. 그런데 가짜뉴스에 노출된 사람들에게 이 두 가지의 뉴스는 상당히 다른 방식으로 소비된다.

소금물과 관련된 뉴스를 생각해보자. 해당 뉴스는 일종의 의료뉴스이면서 허위정보를 담고 있는 가짜뉴스이다. 이 의료뉴스를 적극적으로 소비하는 사람들은 바이러스를 퇴치할 수 있는 방법에 대한 정보를 갈구하고 있었을 것이다. 그것이 팬데믹의 상황 속에서도 교회에서 예배를 드리는 의미 있는 종교활동을 하기 위한 것이듯, 무서운 전염병 속에서 본인을 방어하기 위한 것이든, 바이러스를 퇴치할 수 있는 방법, 감염을 예방할 수 있는 방법에 대한 정보를 찾고 있었을 것이다. 그런 사람들에게 '그럴듯한' 가짜뉴스가 정확한 의료뉴스로 인식되었고, 그 정보를 믿고 따라하다 집단 감염까지 이어진 것이다. 두려움을 안고 간절한 마음으로 '정확한 정보'를 찾고 있었던 사람들이, 부정확한 정보에 넘어간 것이다.

오바마 전 대통령과 관련된 의혹은 정치 뉴스이다. 특정 정부가 코로나바이러스의 창궐에 직접적인 영향을 미쳤다는 내용은, 해당 정부에 대하여 곱지 않은 시선을 보내고 있었던 이들에 의하여 더욱 적극적으로 소비되었다. 본인과 비슷한 정치성향을 가진 하원의원의 (비공식적) 트윗, "그럴지도 모른다는"식의 애매한 표현을 담고 있는 '카더라'가 객관적인 증거 자료 없이 공유되면서, 믿을 수 있는 "breaking news"로 탈바꿈하게 된 것이다. 즉, 많은 이들이 관심을 가지는 COVID-19와 관련된 뉴스 중, '나의 입맛'에 맞는 정치뉴스를 골라서 소비하고 재생산하는 과정 속에서, 오바마 전 대통령과 관련된 정치 뉴스가 퍼져나가게 된 것이다.

이러한 의료뉴스와 정치 뉴스의 소비를 동기화된 추론motivated reasoning과 관련 지어 설명해 보자. 의료뉴스의 소비는 정확도지향적accuracy-oriented 성향 또는 정확도 동기accuracy motivation에 자극을 많이 받는 것으로 보인다. 좀 더 정확한 정보를 간절하게 찾고 있는 사람들은 '그럴듯한' 가짜 의료 정보를 마주했을 때 상당히 민감하게 반응할 수밖에 없는 것이다. "10초간 숨을 참아 보면 코로나 자가 진단이 가능하다"거나 "뜨거운 물을 마시면 코로나를 예방할 수 있다"는 식의 뉴스도 이와 같은 의료뉴스에 속한다고 할 수 있다. 코로나바이러스의 위협에 더 민감해하고 감염에 대하여 걱정을 더 많이 할수록, 감염되지 않는 방법을 더 적극적으로 찾아보는 사람일수록, 이러한 의료뉴스에 노출될 확률이 높다.

반면 정치 뉴스의 소비는 목적지향적goal-oriented 성향 또는 지향성 동기directional motivation와 좀 더 밀접하게 관련되어 있다. 개인의 정치적인 성향에 맞는 정보, 개인이 싫어하는 정치세력/정치인에 대한 부정적인 정보에 대하여 좀 더 민감하게 반응하곤 하는 것이다. "트럼프 대통령의 털사Tulsa, Oklahoma 집회 이후 참가자 전원이 COVID-19에 감염/확진되었다"는 식의 뉴스도 전형적인 정치 가 짜뉴스에 해당한다. 이와 같은 특정 정치인에 대한 가짜뉴스는 주로 반대 정당의 지지자들에 의하여 많이 공유되는 경향이 있다.

물론 어떠한 뉴스를 보는 것과 그것을 믿는 것에는 차이가 있다. 정확도 동기에 자극을 받아 의료뉴스를 찾아본 사람들 모두가 소금물로 코로나바이러스 감염을 예방할 수 있다고 믿지는 않았을 것이고, 공화당 지지자라고 하여 모두 오바마 전 대통령이 COVID-19의 창궐에 직접적으로 기여했다고 믿지는 않았을 것이다. 심지어 해당 뉴스에 반응하고 공유한 사람들이라고 해서 그것을 모두 믿었던 것도 아닐 수 있다. 너무나 터무니없는 뉴스라는 생각에 "좋아요"를 누르거나 "공유"를 했을 수도 있을 것이다. 하지만 소셜 미디어 상에서 한 개인이 특정 가짜뉴스에 노출되고 그에 반응하면, 그 뉴스는 그 개인을 매개로 하여 더 빠른 속도로 퍼져나가게 되고, 그중 누군가에 의해 적극적으로 소비되고 믿어지게 되는 것이다. 마치 코로나바이러스가 퍼져나가는 것처럼……

전염병에는 백신, 가짜뉴스에는 팩트체크?

물론 COVID-19와 관련된 의료 관련 가짜뉴스의 경우 시간이 지남에 따라 믿는 사람의 숫자가 줄어드는 경향이 있다. 전문가들과 언론인들이 나서서 객관적인 증거를 제시해 주고, 잘못된 정보를 바로잡아 줌으로써 관련 가짜뉴스의 확산을 막으려 노력한다는 점에서 일차적으로 팩트체크가 적극적으로 이루어지기 때문이다. 또한 정확도 동기accuracy motivation를 가진 개인 역시도 관련된 뉴스에 의심을 품고 스스로 팩트체크를 한다거나, 잘못된 정보 때문에 전염병이 확산됐다는 '진짜' 뉴스를 통하여 사회적으로 팩트체크가 되기도 한다.

문제는 이와 같은 '진짜' 뉴스가 공유될 때까지 발생하는 피해를 어떻게 줄이느냐 하는 것이다. COVID-19와 같이 전염력이 높은 질병, 그리고 노약자들에게는 치명적일 수 있는 질병과 관련된 가짜 의료뉴스가 많은 이들에 의하여 공유되고 어떤 이들이 그것을 믿게 되면, 그 개인과 사회 전체의 보건 의료 시스템에 (말 그대로) 치명적인 타격이 가해질 수밖에 없다. 때문에 '시간이 지나면 사실이 아닌 것이 밝혀질' 뉴스라 하더라도, 그 시기가 오기만을 기다리고 있을 수 있는 없는 것이다. 때문에 팬데믹과 관련된 의료뉴스일수록 전문가 집단이 좀 더 신속하고 빠르게 반응할 필요가 있다. 의료뉴스에 대한 믿음은 대체로 정확도 동기에 의해 움직이는 믿음인 만큼, 정확도가 높은 뉴스를 설득력 있게 전달할 수 있는, 전문성과 권위를 가진 집단의 역할이 중요한 것이다.

반면 정치 관련 가짜뉴스의 경우에는 중요한 정치적 행사나 이벤트가 가까워져 올 수록 더 적극적으로 생산/소비되는 경향이 있다. 실제로 미국은 2020년 팬데믹 상황 속에서 대통령 선거를 치렀고, 이 대통령 선거일이 가까워져 올수록 더 많은 정치 관련 가짜뉴스가 쏟아져 나왔다. 양당의 지지자들은 서로 반대 정당의 정치인들이나 반대 정당의 정부가 코로나바이러스의 창궐이나 확산에 기여를 했다는 뉴스를 적극적으로 생산/소비/전파하였다. 이러한 정치 뉴스에 반응하는 사람들에게 뉴스의 정확도는 그다지 중요한 요소가 아니었다. 본인들의 입맛에 맞는 정보를 찾고 전파하면 그뿐이었던 것이다.

이렇게 지향성 동기directional motivation에 크게 자극을 받는 사람들에게는 팩트체크가 별다른 힘을 발휘하지 못한다. 특히나 정치 뉴스와 관련해서는, 학자이든, 언론인이든, 아니면 정당/정치인이든, '전문가'로 불리는 사람들 대부분의 사람이 '정치적으로 편향된' 사람 취급을 받기 일쑤기 때문에, 그들이 '진실'을 이야기한다 할지라도 그 정보가 무시당하기 쉽다. 장기적이고 거시적으로 보면 정치 뉴스가 의료뉴스보다 더 심각한 사회문제가 될 수 있는 이유, 민주주의에 위협이 될 수 있는 이유가 바로 여기에 있다.

가짜뉴스에 대하여 정확한 정보를 제공하는 것, 팩트체크를 해주는 것은, 전염병에 대한 백신을 제공하고 치료제를 제공하는 것과 비슷할 수 있다. 그런데 백신과 치료제의 효과를 불신하고 그것을 거부하는 사람들이 많으면 팬데믹을 극복하기 힘든 것처럼, 진실을 불신하고 팩트체크를 거부하는 사람들이 많다면 인포데믹의 극복 역시도 힘들 수밖에 없다. 시간이 지나고 집단 면역이 충분히 강해지면 세계인들의 건강을 위협하던 COVID-19 팬데믹은 종식이 될 것이라고 한다. 그렇다면 저널리즘과 민주주의를 위협하는 가짜뉴스 인포데믹은 결국 어떻게 될 것인가?

맺으며
해결책을 고민하다

가짜뉴스와의 전쟁
생산과 유통에 대한 규제

가짜뉴스의 치료제
팩트체크의 효과

가짜뉴스의 백신

가짜뉴스와의 전쟁 생산과 유통에 대한 규제

전 세계가 가짜뉴스와의 전쟁을 벌이고 있다.

2016년에 영국의 브렉시트^{Brexit}가 결정되고 도널드 트럼프가 미국 대통령으로 당선된 후 많은 언론에서 이와 같은 이야기를 반복하였다. 브렉시트 결정과 트럼프의 당선에 가짜뉴스가 많은 영향을 미쳤을 것이라는 분석이 있었기 때문이다. 실제로 가짜뉴스가 '원인'이었다고 이야기하거나, 가짜뉴스가 없었다면 다른 결과가 나왔을 것이라는 '객관적이고 확정적인 증거'를 제시하기는 힘들겠지만, 브렉시트 투표와 2016년 미국 대선 기간 중에 수많은 가짜뉴스가 생산되고 소비되었다는 것은 많은 연구를 통하여 밝혀졌다.

그렇다면 세계는 이러한 가짜뉴스와의 전쟁을 어떤 식으로 준비하고 있을까? 국내 정치권에서는 나름대로의 방식으로 가짜뉴스의 근절을 위하여 힘을 쓰고 있는 듯하다. 정부와 여당은 "사실에 근거하지 않은 악의적 보도와 가짜뉴스"를 막겠다는 의지로 '언론개혁 법안'을 발의하기도 하였다. 그 내용 중에는 '인터넷 사용자가 고의로 거짓/불법 정보를 생산/유통하여 누군가에게 손해를 입힌 경우 최대 세 배의 징벌적 손해보상이 가능'하도록 하는 '정보통신법 개정안'도 포함되어 있는 등 적극적으로 생산과 유통을 막고 처벌하는 방식의 법안 개정을 제안하기도 하였다. 하지만 이러한 언론개혁 법안은 표현의 자유와 언론의 자유를 침해할 수 있다는 학계와 언론의 비판을 받아왔으며, 야당의 반대로 법안 통과가 미루어져 왔다. 2021년 12월 현재에는 여야가 함께 구성한 '국회 언론·미디어제도개선특별위원회'에서 해당 개정 법안에 대하여 논의를 계속해 오고 있는 상황이다.

이 책에서는 정부와 여당이 주장하는 법안이 효과적으로 가짜뉴스 문제를 해결할 수 있을지에 대해서는 논의하지 않기로 한다. 현재와 같은 가짜뉴스 범람의 상황 속에서 적절한 규제가 필요할 수 있다는 것에 많은 이들이 동의할지는 모르지만, 동시에 표현의 자유와 언론의 자유가 제한되는 순간 민주주의의 근간이 흔들릴 수도 있다는 위기의식에 공감하는 이들도 많은 것이다. 민주주의를 해치는 가짜뉴스의 생산과 유통을 막기 위하여 법과 제도를 만들어 가는 것이 오히려 민주주의에 위협이 될 수 있다는 점은 가짜뉴스의 생산과 유통의 문제를 막는 것이 단순히 기술적인 문제가 아님을 말해준다. 민주주의 사회의 기본적인 자유를 침해하지 않는 선에서 '효과적'으로 가짜뉴스를 규제하는 법안을 만들어 가기 위해서는 철학, 사회, 문화, 법, 제도, 경제, 기술 등 많은 분야의 전문가들이 모여 치열하게 고민해 보아야 할 것이다.

가짜뉴스의 치료제 팩트체크의 효과

2016년 미국 대선 당시 가짜뉴스 전파의 주범으로 지목되었던 페이스북의 경우 인공지능Artificial Intelligence, AI의 힘을 빌려 가짜뉴스를 걸러내려고 노력하고 있다. 페이스북 사용자들이 가짜뉴스로 예상되는 내용을 신고하거나 AI tool이 거짓정보misinformation으로 의심되는 포스트post를 찾으면, 그것을 제삼자third-party 팩트체크 기관으로 보내 검증을 받는다. 이 과정을 통하여 거짓정보인 것이 밝혀진 포스트에 대해서는 일종의 경고문이 함께 게재되어, 이용자들이 그 정보에 노출이 되더라도 거짓 정보가 포함되어 있을 가능성이 높다는 것은 인식할 수 있도록 조치하고 있다. 이러한 방식으로 페이스북은 2020년 3월 1일부터 미국 대선이 있었던 2020

년 11월 3일까지 1억 8천만 개에 달하는 포스팅에 경고 문구를 표시했다고 한다.

이러한 가짜뉴스에 대한 페이스북의 대응 방식 중 흥미로운 점은 제삼자 팩트체크 기관third-party fact-checkers에 의하여 가짜뉴스가 확인이 되었다고 하더라도 해당 포스트를 삭제하거나 포스팅 자체가 안 되도록 사전에 검열을 하지 않는다는 부분이다. 즉, 생산이나 공유를 적극적으로 제재하는 것이 아니라, 소비하는 사람들에게 경고의 문구를 전달해 주는 방식으로 대응을 하고 있는 것이다. 표현의 자유에 대한 제한과 검열을 헌법 (수정) 제1조First Amendment of U.S. Constitution에 대한 위반으로 간주하고 민감하게 반응하는 미국의 문화 속에서, 거짓 정보라 할지라도 말이나 글의 형태로 공유하는 것 자체를 막는 것은 어려웠기 때문인 것으로 보인다. 하여, 페이스북을 포함한 미국 대부분의 기관과 언론의 대응방식은 '생산된 가짜뉴스'에 대한 팩트체크를 활발히 하고 그 내용을 공유하는 방식으로 이루어지고 있다.

국내에서도 팩트체크를 하는 기관이나 연구소를 찾아볼 수 있다. 올드 미디어를 중심으로 한 많은 언론사가 나름대로의 방식으로 검증 과정을 거쳐 팩트체크 기사를 생산해 내고 있으며, 서울대학교 언론정보연구소 산하 SNU팩트체크센터에서는 언론사가 제공하는 팩트체크 내용을 모아 이슈별, 검증 언론사별로 정리하여 노출시켜주는 플랫폼을 제공해 주고 있다.[28] 웹사이트의 형태로 제공되는 이 플랫폼에서는 언론사들이 자체적으로 선정하고 검증한 팩트체크 내용들이 보여지는데, 검증 대상이 되는 뉴스의 출처와 검증 내용 및 검증 기사, 그리고 근거 자료에 이르기까지 다양한 정보를 한 페이지에서 확인할 수 있다. 이러한 팩트체크가 활발하게 이루어지게 된다면 가짜뉴스의 문제가 자연스럽게 해결될 수 있지 않을까?

그런데 한 연구에 따르면 팩트체크를 위한 노력이 가짜뉴스의 문제를 더욱 가속화시킬 수도 있다고 한다. Swire, Ecker, & Lewandowsky, 2017 해당 연구에 따르면 사람들은 '익숙한 내용을 사실이라 믿는 경향'이 있는데, 팩트체크를 하여 검증된 사실을 주지시키기 위해 가짜뉴스와 관련된 내용을 반복적으로 노출시켜주면, 해당 가짜뉴스에 익숙해져 버려 그에 대한 신뢰도가 더 높아질 수 있다는 것이다. 즉, "도널드 트럼프가 프란치스코 교황 지지받았다고 하지? 그것은 사실이 아니야!"라는 내용을 반복적으로 사람들에게 보여주면, 오히려 '트럼프가 교황 지지받았다'고 더 믿어 버리게 되는 결과가 나타날 수 있다는 점이다.

물론 이와 같은 팩트체크의 부정적인 영향은 팩트체크의 결과

---

28 https://factcheck.snu.ac.kr/

를 어떻게 보여 줄 것인가의 문제일 수 있다. 팩트체크 정보를 확인하는 사람들이 가짜 정보와 진짜 정보를 얼마나 더 잘 인식하고 구별할 수 있도록 하느냐의 문제일 수 있다는 것이다. 때문에 위의 연구는 팩트체크 자체의 문제나 한계점을 지적하고 있는 것이라기보다는, 가짜뉴스와 진짜뉴스를 함께 보여주어야 하는 팩트체크 플랫폼의 구성에 대하여 고민할 점을 던져주고 있다고 보아야 할 것이다. 자극적인 내용을 담고 있을 가짜뉴스가 너무 눈에 띄어 보이게 한다거나, 검증된 정보를 너무 따분하거나 흥미롭지 않은 방식으로 나열하여 눈에 띄지 않게 하는 경우, 팩트체크의 결과를 보여주는 것이 오히려 역효과를 낼 수 있음을 기억해야 한다는 것이다.

사실 팩트체크의 한계는 '익숙함'과 '인식'의 문제를 넘어 더 근본적인 곳을 향하고 있다. 첫째는 팩트체크 주체의 신뢰도에 관한 것이다. 언론사나 기관의 팩트체크 내용이 편향되지 않고 객관적인 사실에 근거할 수 있는가 하는 점이다. 앞서 우리는 가짜뉴스의 생산자로 올드 미디어와 뉴 미디어 모두를 이야기하였다. 이렇게 저널리즘 자체가 위협을 당하고 있는 상황 속에서, 해당 미디어들이 검증을 했다고 하는 팩트체크 기사의 신뢰도를 의심하지 않을 수 있는가 하는 것이다. 제삼자 기관이 나타나 팩트체크를 한다 하더라도 그 기관의 신뢰도를 누군가가 검증해 줄 수 있느냐의 문제는 여전히 존재하게 된다.

둘째, 팩트체크의 내용을 마주하는 대중에 관한 것이다. 팩트체크의 검증 내용이 '객관적인 사실'에 가깝다 하더라도, 목적지향적goal-oriented 동기화된 추론motivated reasoning을 하는 이들의 경우, 지향적 동기directional motivation에 맞지 않는 검증 자료를 거짓정보로 받아들일 수도 있다는 점이다. 즉, 아무리 객관적인 근거자료를 제시하고 그것이 잘 인식될 수 있도록 노출시켜 준다고 하더라도, '믿고 싶지 않은 내용은 믿지 않는' 사람들에게는 가짜뉴스에 대한 팩트체크가 전혀 효과를 발휘할 수 없다.

특히나 정치와 관련된 뉴스를 마주했을 때 자주 발현이 되는 것이 바로 이 지향적 동기라는 점을 기억한다면, 정치적으로 편향된 가짜뉴스에 대한 팩트체크가 얼마나 비효과적일 수 있는가에 대하여 생각해보지 않을 수 없다. 특정 정당의 지지자가 본인의 입맛에 맞는 가짜뉴스를 골라서 소비한다고 해보자. 그것이 상대 정당 정치인들의 도덕성을 의심할만한 가짜뉴스이든, 지지 정당의 정치인들이 비위를 저지르지 않았다는 가짜뉴스이든, 자신이 믿고 싶은 내용을 담고 있는 뉴스를 골라서 소비한 경우라면, 그 가짜뉴스에 대한 어떠한 검증 결과도 '거짓 정보'로 무시당하고 말 것이다. 이렇게 지향적 동기가 발현되어 지지 정당에 편향된 뉴스만 계속해서 소비가 되는 상황에서는, 높은 신뢰도의 팩트체크도 진실을 전달하기는 힘들어질 수밖에 없고, 결국 정당의 지지자들은 정치적 양극화의 방향을 향해 가게 된다.

가짜뉴스의 백신

가짜뉴스의 생산을 막는 것이 어렵고, 팩트체크의 효과성도 의심받을 수밖에 없는 상황이라면 우리는 무엇을 해야 하는가?

COVID-19 팬데믹의 상황으로 돌아가보자. 반갑지는 않지만, COVID-19는 이미 창궐했고, 팬데믹은 선언이 되었다. 즉, 생산은 이미 막을 수 없는 상황에 이르른 것이다. 게다가 확진자들, 중증 환자들을 위한 치료제 개발은 지지부진한 상황이다. 언제 개발될 수 있을지도 예상하기 힘들다고 한다. 최소한의 사회활동과 경제활동을 유지하기 위해서도, 그리고 단계적으로 일상을 회복해나가기 위해서도, 사회적 거리두기와 마스크 착용을 끊임없이 극단적으로 강요할 수만은 없다. 이러한 상황 속에서 우리가 기대를 걸어볼 수 있는 것은 백신뿐이었다. 코로나바이러스가 몸에 침투해도 싸워서 이길 수 있는 면역력을 길러준다는 백신 접종. 그것만이 COVID-19의 팬데믹을 극복하기 위하여 우리가 할 수 있는 최선의 대비책이었다. (그 역시도 한계와 위험성이 있기는 하지만……)

가짜뉴스 역시도 마찬가지일 수 있다. 생산과 유통은 막기가 쉽지 않다. 치료제라 할 수 있는 팩트체크의 효과도 제한적일 수밖에 없다. 특히나 정치와 관련된 가짜뉴스에 있어서는 더 그렇다고 할 수 있다. 뉴스를 보지 못하고 공유하지 못하도록 사회 연결망 안에서 물리적/가상적 거리두기를 하게 하는 것도 사실상 불가능하다. 그렇다면 우리는 백신을 고민하지 않을 수 없다. 우리 모두가 가짜뉴스에 대한 백신을 맞고 면역력을 키우는 방법을 고민해야 하는 것이다.

가짜뉴스에 대한 백신은 자신에게 주어진 정보를 비판적으로 보고 검증하고 해석하는 능력을 키워주는 것이라 할 수 있다. 정보 범람의 시대, 뉴스 범람의 시대에서 개인에게 주어지는 정보가, 설령 자신의 입맛에 맞는 것이라 할지라도, 충분히 비판적으로 바라볼 수 있어야 하고, 그중에서 객관적인 사실을 판별해 낼 수 있어야 할 것이다. 이를 위하여 정보를 습득하고 해석하는 과정에 대한 교육이 활발하게 이루어질 수 있어야 하겠다. 컴퓨터 활용 능력과 관련된 정보처리 기능 교육뿐만 아니라, 그리고 잘 쓰여진 소설이나 비소설non-fiction을 읽고 그것을 해석하는 국어 교육뿐만 아니라, 정제되지 않은 수많은 정보에 노출된 개인이 그것을 처리하고 소화할 수 있는 소양을 키워주는 새로운 형태의 교육이 필요할 것이다.

그리고 그에 선행하여 많은 이들이 이러한 '가짜뉴스 백신'을 맞아야 하는 이유에 대하여 공감을 할 수 있도록 이끌어줄 수 있어야 한다. 가짜뉴스를 경계하는 것이 민주주의 사회를 살아가는 우리에게 얼마나 중요한 것인지, 가짜뉴스를 판별해 낼 수 없는 사회 속에서의 개인은, 유권자electorate로서의 영향력을 얼마나 잃어버리게 되는 것인지에 대해서 인식할 수 있게 해 주어야 한다. 그런 의미에서 저자의 이 부족한 글이 가짜뉴스 백신에 대한 필요성을 일깨워주는 데 조금이나마 역할을 할 수 있기를 기대해 본다.

참고문헌

Allcott, H. · Gentzkow, M., "Social Media and Fake News in the 2016 Election", *The Journal of Economic Perspectives* 31(2), 2017.

An, J. · Quercia, D. · Cha, M. · Gummadi, K. · Crowcroft, J., "Sharing political news : the balancing act of intimacy and socialization in selective exposure", *EPJ Data Science 3*, 2014.

Bakshy, E. · Messing, S. · Adamic, L. A., "Political science. Exposure to ideologically diverse news and opinion on Facebook", *Science (New York, N.Y.), 348*(6239), 2015. doi : 10.1126/science.aaa1160

Bala, V. · Goyal, S., "Learning from Neighbours", *The Review of Economic Studies* 65(3). doi : 10.1111/1467-937x.00059

Brown, M., · Hjelmgaard, K., "Fact check : Obama administration did not send $3.7 million to Wuhan lab", *USA TODAY*, 2020. https://www.usatoday.com/story/news/factcheck/2020/05/04/fact-check-obama-administration-did-not-send-3-7-m-wuhan-lab/3061490001/

Gentzkow, M. · Shapiro, J. M. · Stone, D. F., *Chapter 14 - Media Bias in the Marketplace : Theory* Vol. 1, 2015.

Gottfried, J. · Shearer, E., "Americans' online news use is closing in on TV news use", *Pew Research Center, September* 6, 2017.

Herman, E. S. · Chomsky, N., *Manufacturing Consent : The Political Economy of the Mass Media* : Pantheon Books, 2002.

Lazer, D. M. J. · Baum, M. A. · Benkler, Y. · Berinsky, A. J. · Greenhill, K. M. · Menczer, F. · Zittrain, J. L, "The science of fake news", *Science (New York, N.Y.) 359*(6380), 2018. doi : 10.1126/science.aao2998

Lodge, M. · Taber, C., "Three Steps toward a Theory of Motivated Political Reasoning", In A. Lupia, M. D. McCubbins · S. L. Popkin Eds., *Elements of Reason : Cognition, Choice, and the Bounds of Rationality*, Cambridge : Cambridge University Press, 2000.

Mitchell, A. · Page, D., *State of the News Media 2014 : Paying for News : The Revenue Picture for American Journalism, and How It Is Changing*. Retrieved from Pew Research Center, 2014.

Mullainathan, S. · Shleifer, A., *The Market for News* 95(4), 2005.
doi : 10.1257/0002828054825619

Nickerson, R. S., "Confirmation Bias : A Ubiquitous Phenomenon in Many Guises", *Review of General Psychology* 2(2), 1998. doi : 10.1037/1089-2680.2.2.175

O'Connor, C. · Weatherall, J. O., "The misinformation age : how false beliefs spread", In J. O. Weatherall Ed., New Haven; London : Yale University Press, 2019.

Swire, B. · Ecker, U. K. H. · Lewandowsky, S., "The Role of Familiarity in Correcting Inaccurate Information", *Journal of Experimental Psychology : Learning, Memory, and Cognition* 43(12) 1948-1961, 2017. Retrieved from https://proxy.lib.ohio-state.edu/login?url=http://search.ebscohost.com/login.aspx?direct=true&db=eric&AN=EJ1163725&site=eds-live&scope=site

Westen, D. · Blagov, · P. S. · Harenski, K. · Kilts, C. · Hamann, S., "Neural bases of motivated reasoning : An fMRI study of emotional constraints on partisan political judgment in the 2004 US presidential election", *Journal of cognitive neuroscience* 18(11) 1947-1958, 2006.

손석춘, 『신문읽기의 혁명』, 개마고원, 2003.

최훈, 〈"의사들만 알고 있대" …… 무서운 '가짜 정보'〉, MBC, 2020.3.18.

http://dx.doi.org/10.1037/xlm0000422